后浪出版公司

感 情 の 整 理 が で き る
女 は 、 う ま く い く

整理情绪的力量

[日] 有川真由美 著
牛晓雨 译

A r i k a w a M a y u m i

海峡出版发行集团 THE STRAITS PUBLISHING & DISTRIBUTING GROUP | 鹭江出版社 LUJIANG PUBLISHING HOUSE
2016 年 • 厦门

前　言

你是否有过无法整理好自己情绪的时候？

是否有过对自己的情绪无计可施，只能任其左右的时候？

“心情烦躁，做什么事都心不在焉。”

“生了一肚子气，听不进对方的意见。”

“提不起干劲来，没法好好工作。”

“焦虑万分，不能冷静地行动。”

……

虽然心里明白要怎样做，可就是会被情绪牵着走，我能体会这种感觉。因为情绪不会撒谎，而且它拥有足以控制我们的巨大力量。

即便想要改变情绪，它也不是能轻易改变的。我们在失去理性的时候，甚至会连想调整情绪这件事都忘得一干二净，一味为情绪所累。因此，一旦落入消极情绪的沼泽，便无法轻易脱身，这种状况会三番五次地出现。

究竟应该怎么办呢？

人生能否过得顺遂，如果说全取决于情绪，或许也不算言重。决定我们人生的，不是在我们身上发生了什么，而是我们要用怎样的态度去接受它们。想要完全活出自我而顺着感情走，就会与现实或周遭的人产生摩擦。如果想要协调好自己与周围和现实的关系，就必须整理好自己的情绪。

那些人生顺利者的共同点是善于协调自己的情绪与现实之间的关系。对于自己的情绪，不要掺杂着情绪来整理，对现实就要以“啊，那又如何”这种云淡风轻的态度去面对。找到了避免消极情绪加深的方法，就不会被感情牵着鼻子走，进而可以向着自己的目标前进。

相反，那些人生十有八九不如意者的共同点是不懂得整理自己的情绪，无法妥善解决自己的情绪和现实间的矛盾，便无法继续前进。这些人可能拥有难得的能力和特质，却不能好好将其发挥出来，实在是很可惜。

我们认真地考虑“想要实现自己的目标”“提高生活质量”的时候，就必须整理好自己的消极情绪。整理情绪意味着维持本心，并保持心理健康的状态；因此，便不可放置情绪不管，而要靠自己的意志积极地推动对情绪的整理。

这算是一个小窍门。其实，学会与自己的情绪相处的方法可以说是人生中至关重要的技能，甚至比任何工作技能或成功学技巧都重要。整理情绪的不同方式会改变我们工作、与人相处的模式以及生活方式。

为自己的消极情绪所困，任其左右的人生，和把自己的情绪整理好，收获喜悦、快乐、幸福的人生，你要选择哪一种呢？

这本书会告诉大家整理情绪的重要性。在所有情绪之中，“愤怒”可能是最难整理的一种。我们会从“生气”开始，从它会给我们造成多大损失说起。

有川真由美

2011 年 10 月

目　录

第1章

不生气的理由

生气的时间成本

不要把时间花在生气对象身上

说到“生气”这件事，我不由想到，现在暴躁易怒的人不知为何越来越多了。

爱生气的人在人生中太吃亏。第一个原因是，生气只是在浪费时间而已。因为生气会使时间白白流失，还会让自己感到痛苦。

假设你被上司用侮辱性的话骂得狗血淋头，因此满心怨气，此后就连看到上司的脸都觉得很烦。之后，上司交给你一件工作时，你会不由得显露出不情愿的态度问：“咦，这个现在就要吗？”你不光在公司时火冒三丈，回到家后还会暴饮暴食，此时，你又回想起上司的其他不好：“说起来，他之前也……”于是又给怒气火上浇油了。这样的状态简直是对自己的二重和三重折磨。

“真讨厌，明天都不想去上班了……”

带着这样的怒气过日子一定很累吧。不过，在事情变成这样的过程中，希望你一定要注意到一件事，那就是自己再怎么生气也不会因此拿到一分钱，而此时那个上司却不痛不痒。他不会有一丝丝的罪恶感，说不定这时候正在家里看着综艺节目捧腹大笑，或者正在小酒馆里聊着闲天。只有你自己一个人怒火冲天，为此痛苦着，不觉得这样很傻吗？

可是，这些并不是自己的问题，而是对方的问题。

不要再把更多的时间花在对方身上了。有时间去生气，还不如去看看有意思的电视节目，或者和好朋友一起聊聊恋爱的话题，开心地笑一笑。不要再思考对方的事情了，一分一秒都不要去想，这样不是更好吗？

我们每一个人都希望竭尽全力用最快乐的心情度过每一天，拥有最幸福的日子。而我们在生气的时候，感受到幸福的能力会消失。

如果你希望珍惜有限的时间，就一定要驱散无意义的愤怒情绪。如果你感到自己又要回想起过去的不开心，此时可以轻声提醒自己“生气就输了”。

会输些什么？当然是输掉你自己的人生。

生气的体能成本

—• 愤怒是破坏性能量，喜悦是创造性能量 •—

生气会让人吃亏的第二个原因是，这种情绪会白白浪费你的能量。

如果无法整理好负面情绪，能量就会被消耗在消极方面。人一生气就会消耗能量，每一个人或许都对此有所体会：如果勃然大怒，与对方争吵起来，最后就会搞得自己疲惫不已；如果咬咬牙努力忍住，也会被一股说不出的疲惫感侵袭。

若是一直无法整理好愤怒的情绪，能量就会一直消耗下去。

“愤怒”这种负面情绪，是破坏性能量。如果所有事都能如自己希望的那样发展，那么也就不会有生气这回事了，但生活中有太多无可奈何的事情，因此也就有了愤怒。

愤怒爆发后，如果这些爆发出的能量发泄到别人身上，就会伤害对方。这世上的绝大部分大事件都是愤怒导致的，愤怒甚至会引发战争。如此看来，愤怒实在是可怕。

而比这些更糟糕的是，愤怒的能量甚至会侵蚀自身。怀着自己无法整理的愤怒，有时会伤及身心。愤怒的人总会一直感到烦躁不安，情绪低落，也无法打起精神来认真做事。不仅如此，更严重的时候还会因此失眠、抑郁，甚至出现高血压、胃溃疡等疾病。极大的愤怒会给五脏六腑带去伤害，有时甚至会榨干生命力。愤怒非常可怕。

相反，“喜悦”这种正面情绪则是创造性能量。肯定现实，感受到爱，就可以创造出很多东西。家庭、工作、恋爱、人际关系、娱乐、学习、生活……在各种领域中，人们正是因为有喜悦才能继续前进。即便有再多的障碍和辛劳、烦恼，只要喜悦存在于我们的生活中，我们就可以克服它们，开辟出新的道路。

“创造”与“破坏”形影不离，愤怒会把喜悦创造出来的东西接连不断地破坏掉。愤怒会让你在辛苦的创造和培育的过程中付出的努力全部付诸东流。

若用金钱来比喻的话，喜悦就是存款，愤怒就是借款了吧。你希望自己的人生多些存款还是借款呢？

是否要用喜悦来铸造我们宝贵的人生，还需要犹豫吗？

生气时会失去判断力

愤怒背后是人们的防御本能

一生气就会吃亏的第三个原因是判断力会消失。

听任愤怒情绪的摆布是非常危险的。人在勃然大怒时会无法控制自己的言论，因此可能一不留神便会说出不该说的话，或是变得自暴自弃，从而失去自己重要的东西。

假设在工作中被人无心地批评了一句“都是你给大家添了这么多麻烦”，你十分生气，想要反驳对方“等等，怎么就怪我了”，就好像煮开的锅瞬间沸腾一样，你可能会反击对方，说“你之前不也给大家添了不少麻烦”，或是放出“既然如此，那我不干了”这种狠话。

愤怒的一个特征就是，一旦因情绪激动而把它表现出来，它便会让自己更加怒不可遏。但是冷静下来后，人们就会忍不住后悔，“也不是什么值得激动的事情”“早知如此当初就不那么说了”。

那么我们为什么会变得如此激动呢？

愤怒的真面目，其实是人们想要保护自己的“防御本能”。

当我们感觉到自己即将蒙受损失时，就会一下子进入战斗模式，想要去攻击和自己敌对的人。我们变得情绪化的时候，会因为想要一心一意保护自己而看不到别的事情。因此，不要把发言权交给感情，不让感情对自己的行动发号施令，才是最明智的选择，特别是要避免在此时做出重要的决定，或是说出可能会伤害对方的言论。这时的举动不仅在感情上缺乏说服力，还有可能会搬起石头砸自己的脚。

此外，即便是为了保护自己而愤怒，攻击他人也会使自己树敌更多。此时，尽力忍耐才是上策。心烦意乱的时候，不要去做任何事，让这样的状态自行过去。等心情平静下来，再来思考怎样做才更好，一定可以找到更好的方法。

你可以阐述自己立场的正当性，但是把自己的压力控制在最小的程度、让工作顺利进行下去才是当务之急。即便要反驳别人，也要等自己冷静下来之后，让自己化身演员，面带微笑地询问对方：“可以请您告诉我怎样做更好吗？”之后再采取行动吧。

而接下来的发展，可能会出现你意想不到的转机。

生气阻碍沟通

—• 谁都不喜欢否定自己的人 •—

接下来是一生气就吃亏的第四个原因：会因此无法和他人沟通。

双方在生气时交谈，基本上总会出现分歧，都会去责怪对方，因为那时人们为了保护自己而处于战斗状态。毕竟，人们在气愤地攥紧拳头时自然不能和对方握手。

我的一位女性朋友，F 社长，和几个人一起创业，最终拥有了自己的公司大楼。这位 F 女士最厉害的地方莫过于不论身处多么紧要的关头，不论面对多么麻烦的人，总能以一句“放手做吧”来应对，女中豪杰一般迅速地开始准备，完全不会浪费时间生气，员工们也因此绝对信赖她。

“您开始创业以来从来没有发过火吗？”当有人向 F 社长问起这个问题时，F 社长以爽朗的笑容回答道：“那怎么可能，最开始的时候总生气。不过我后来发现，自己再生气也无法把想法传达给别人，别人也不能理解，这样的话工作不就无法进行下去了？”

F社长说，她在思考“要怎样做对方才能明白”“怎样做工作才能顺利进行”这些问题时，自然便不会再生气，也能听进去对方的话了。

没错，每一个人都希望自己能够得到他人的理解；但是，人们都不喜欢一味坚持己见的人，而人们最讨厌的就是发着火否定自己的人。相反，人们最喜欢那些愿意倾听自己心声的人。每一个人都会认同那些能够理解自己的人，愿意听他们的话，相互理解也就由此产生。这虽是浅显易见的道理，人们却不易明白。“只有单方面的理解”这种不平衡的人际关系是不会成立的。

如果真正想“向对方传达自己的想法”“希望能相互理解”，首先要做的就是冷静地好好听进对方的话，试着站在对方的角度来思考，这样一来，就会明白要怎样说对方才能理解，沟通起来才更有效。

人在生气的时候，理解对方心情的想法便会彻底消失；而奇妙的是，当你打算听听对方的话时，怒火就会熄灭，对对方的积极感情也会随之涌现。这样做不会让事态变得糟糕，下次争吵时，试着说句“你先说”，让对方一步吧。

即便你想以“你错了”来反驳对方，也要抱着“原来你是这样想的”的心态来靠近对方，一直倾听到最后。不过，此时要注意区分对方的想法和自己的想法。如果想说出自己的想法，可以先说一句“其实我是这样想的”，然后再阐述自己的想法也不迟。

易怒的人给他人的坏印象

冷静地反观自己

生气让人吃亏的最后一个原因就是，生气会“让自己看起来不幸福”，特别是直接发火的女性，周围人会觉得“看来她日子过得很不好”“一定很孤单吧”，甚至会不禁觉得“这人好可怜哦”。容易激动的人，就会让自己显得很可怜。

大多数人都不喜欢和不讲理、爱生气、看起来不幸福的人来往，而是愿意和性格开朗、看起来很幸福的人相处。爱生气的人会认为“我是因为工作生气的，这和私生活没关系吧”，因此又会气上加气，但情绪是和工作、生活紧密相连的。

流露出情绪是一件让人很不好意思的事情，好像这会暴露自己的弱点一样。我有一个易怒的朋友，他因为在别人面前呵斥下属而感到不好意思，整整一周做什么事都很消沉，心不在焉。姑且不论吵架的原因和对方的情况，一旦意识到“别人会怎样看待我”“我怎么会做出这么令人难堪的事情”，人们便会苛责和厌恶自己。听说这个朋友之后只要一生气便会跑去洗手间看镜子里的自己。

相反，也有人是因为不想让人看轻自己，不希望大家认为自己比别人逊色而变得爱生气。有的人一直在用鄙夷的态度对待新人和笨拙的下属，毫不客气地宣泄怒火，“你连这都不会做吗”“凭什么我就得做这个”“要我说，你们都不行”之类的话脱口而出。不知为何，他们总是显得高高在上。

人们动辄就会宽以待己、严以待人，而爱生气的女性则更懂得如何放纵自己、约束他人。会把自己的怒火发泄到周围人身上的女性，希望自己能得到他人的共鸣，但要是别人表示“你也有不对的地方”，她们多半会用“怎么可能”来回击对方，或是回应“真想不到你竟然这么说，算了”，于是气氛一下子紧张起来。这种人觉得自己可以否定别人，但就是不愿意别人否定自己，自然会被大家疏远。不论是谁都认为自己是最可爱的，自然不希望否定的矛头指向自己。

人们可以清楚地看出他人的错误，却很难看清自己的。当你感到自己即将在别人面前发怒，就想一想自己此时看起来是怎样的，养成像看待他人那样看待自己的习惯。等你回过神后，就会发现愤怒已经平息了。

生气时无法认清事实

人人都觉得自己对

那么，为什么会出现愤怒这种现象呢？让我们从这里开始思考吧。或许大部分人都没有发现，我们每一个人在内心深处都认为“自己才是正确的”。

认为“不，我才不会无条件觉得自己对”的人有时会生气，认为“我是对的，对方错了”的人总会生气，而觉得“对方是对的，我错了”的人就不会生气了。

我们一直都认为自己是正确的，并以此为衡量标准。看待事物时，如果我们内心不能接受情况与自己的认知不符，就会生气。不过，我们的这一标准只是自以为是的标准而已。

海外旅游刚刚兴起的时候，出租车司机或者饭店服务员一旦知道我是日本人，就会狮子大开口。我曾在东南亚某个国家旅游，原本五分钟就可以到达酒店，出租车司机却东绕西绕地开了十五分钟。中途我问司机：“开到酒店应该不用这么久吧？”但司机却态度强硬，用粗暴的语气坚持说：“去酒店就走这条路。”最终我不得不支付高出预计三倍的车钱。当我把这件事告诉酒店前台时，他只留下了“您这是被司机骗了啊”这句话和高声大笑而已。

“简直不可理喻！”我对那个司机感到很生气，对那个看到别人遇到困难却哈哈大笑的前台也很生气。除此之外，我还遇到过很多次漫天要价的事情。“这个国家的人都可以这么肆无忌惮地宰客吗？”有一段时间，我非常愤怒。

可是，当这些事反复发生过几次之后，我明白了，这里的人把东西高价卖给外国人，或许是因为他们有养家糊口的压力。话虽如此，我也不能老老实实地等着被人骗，在了解了事情的缘由之后，剩下的就是和对方进行智慧上的较量了。

现实中隐藏着真实。如果做好了接受现实的准备，就不会太过愤怒，也能找到对策，进而可以继续前进。愤怒是通过自己的标准自创的情绪，是自身的问题。

这或许是个比较极端的事例，但在我们的日常生活或工作中，有很多时候，即便是因为“我是对的，是对方的错”而生气，对方也完全不会认为是自己的错。

站在对方立场上观察现实，便可以创造出一颗柔软的心，培养出不易慌乱无章的情绪。

受害者心态不可有

—• 把一切当作咎由自取 •—

对进展不顺利的事情，有的人会马上将其归咎于某个人或事物并因此生气。生气时，他们会推卸责任，“都是谁谁谁不好，我是受害者”，想让自己的举动正当化。但他们自己真的是“受害者”吗？

“工资不涨，都是因为经济不景气。”

“嫁不出去，是因为身边没有好男人。”

“这次的策划案没有通过，都怪那谁谁在一旁插嘴。”

“迟到是因为下雨导致公交车延误了。”

正是由于这些任性随便的“自认为”，他们觉得自己“才会遇到这种事情”。一旦有了被害者意识，人就容易变得非常可怜。

曾有这样一位遭遇了裁员的合同工 E 先生。“我已经为这家公司工作了十多年，在这样的年纪也找不到新的工作了。我想都没想过，自己为之勤恳工作还建立起信赖关系的公司，竟然会这么无情地裁掉我。”

在新闻报道中，被裁员的一方是受到了经济不景气的牵连，被当作非常可怜的弱势群体，这的确是一件让人心生怜悯的事。但我希望大家好好思考的是，所谓“合同工”就是有这种风险的职位。现代公司本来就会为了追求利益而裁员，这样做的正当性是另一回事了。

然而，做出这种决定的人应该是你自己（因为家庭原因或是无法被聘为正式员工等情况则需另议）。

“觉得能以合同工的身份一直工作下去，是我自己想得太简单了。我再也不想遇到这种事情了，借此机会多学一些技能，以能在任何地方工作为目标提高自己的能力。”如果能够这样想，或许就能创造更美好的未来。老实说，我曾经就是这样的。一旦不再把问题归咎于“其他人、事、物的错”，就不会再受每一种负面情绪拘束。

接下来，人生就会迎来转机。因为一旦把原因归咎于别人，一切问题就都是自己无法应付的；但是一旦认为“一切都是咎由自取”，我们就能接受了，一切问题就会迎刃而解，自己的梦想或目标也可能实现。

不要轻易把自己变成可怜的受害者。不论面对怎样的现实，也要说“这样也没关系”，挺起胸膛继续前进。

再生气也无法改变他人

不如试着改变自己

我们在对别人发火的时候会有这样的念头：要是我把话说重一点，没准就能改变对方，我得想想办法。比如，对在家里一直当甩手掌柜的丈夫说“你偶尔也收拾一下家里啊”，或者是生气地对他说“放假的时候你带我出去玩玩也好啊”。

你可能想要告诉对方“你就是因为这一点才不好”，或是向对方倾诉自己的状况“我也很累啊”，被逼到忍无可忍的时候，或许还会说出“我也有我自己的想法”，总之想方设法希望对方有所改变。

这样的行为有了意义。丈夫开始勉为其难地洗碗，或是努力地做家务，但是，一旦过了些时日，多半又会恢复到以前那样的状态。之后便是“到底要我说几次你才明白！”一味重复地发火。

没错，人是无法如此轻易改变的。毕竟，此前的人生就是这样一路过来的，实在没有办法。

我们必须明白一个事实：人只要不是自己积极主动地想要改变，就无法改变。即便强硬地要求、强迫对方去做，也只会得到“真没办法”“真讨厌”“真麻烦”的回答。只要这样的“强迫感”还存在，人便不会主动行动。强迫对方去做，只会使其停止思考，招致怠慢与反感。

但是，也不必绝望。我们虽然无法改变他人，但可以改变自己。自己的行动改变了，对方也会随之改变，改变程度甚至会超出你的想象。

对丈夫，最重要的是告诉他你希望他做的事情。应该告诉他，“要是你能做某事就好了”。随后，哪怕丈夫做得再怎么勉强，也要对他为自己所做的事情表达感谢和高兴的心情，甚至是用有点夸张的说法，比如“还好有你在”“要是能一家人一起出去玩肯定特别幸福”。如果平日里能多把夸奖和感谢的话挂在嘴边，一定可以收到更好的效果。

而丈夫则会觉得“她这么高兴，那我下次就再这么做吧”，然后就会自己主动去做。人们都想回应认可自己的人的期待。

虽然在我们周围，希望对方有所改变的人要多少有多少，但是不要再为改变对方而努力了，它只会让自己变得疲倦。

同样是努力，不如试着努力把目光放到别人的优点上，夸赞对方，感谢对方。最重要的是，为了自己的生活安宁。

愤怒之下隐藏着其他情绪

—• 时常留意，不忘倾诉 •—

有的母亲有时会因为孩子做的一些小事而生气，这种时候，发火的真正原因并不在孩子，而是在其他地方，而且多半是一些无可奈何的事情。“因为有了孩子，想工作也工作不了”“丈夫一点都不体谅我”“生活很困苦，想买的东西也不能买”“谁都不明白我的辛苦”……诸如此类。

愤怒是表面现象，其下还隐藏着孤独、寂寞、悲伤、自我厌恶、不安等等无法表现出来的情绪，也有很多自己也没注意到的事；平日里掩盖了真实情绪过日子的人，一旦遇到一点契机，都会让这些情绪化为怒火喷发出来。

在电车上被人踩了一脚而狠狠瞪着对方，因为朋友一句无心的话而生气，因为男朋友回复短信慢了就生气……当你变得比平常易怒时，最好要意识到盛怒之下累积的不满。

在不满不断累积、身心疲惫不堪时，人们就会变得更加易怒。尤其是面对孩子或者父母这些不需要客套相待的身边人时，情绪上的盖子就会轻易掉落。特别是一旦开始对处于弱势的孩子发泄怒火，就会变成不易控制的状态；一旦过度，就有可能发展为家庭暴力或是弃养等情况。

独自一人抚养孩子的H女士曾经说："社会上有时会发生把小孩放上好几天不管甚至任其死亡的事件。我特别能理解这样做的母亲。我也在工作、家庭和抚养孩子之间疲于奔命，当我觉得无法再忍受下去的时候，也会突然产生这种想法。"

作为单亲妈妈带着一个孩子，她要不依靠任何人独自抚养孩子，还要身兼三职偿还前夫留下来的债务，H女士的辛劳想必即将超过临界点。

"会不会出现家庭暴力或者抛弃孩子，其实只在一念之间。我也可能做出同样的事情。而我能想尽办法坚持下去，就是因为有人肯听我说话，仅此而已。"

人内心的容量是有限的。要时常留意出现"这些不满还顽固地留在心里""不满的情绪在逐渐积累""不能再忍下去了"等情况，最要紧的就是毫无保留地向人倾诉。一个人负担压力而变得烦躁或是努力忍耐都不是明智的做法，拥有一个可以依靠的对象是生活中的智慧。

不受愤怒困扰的人

—• 前进的力量会消除愤怒 •—

世上有人几乎不会感到愤怒，或是即便生气也很快就会忘得一干二净。这样的人大多在几乎没有压力的环境下做着自己喜欢的事，要么就是在不断思考新事物，专注于某些事物。也就是说，他们的内心中充满了喜悦或快乐、好奇心和幸福感，没有任何空间可以让愤怒和烦躁入侵。

我有一位八十多岁的朋友T，兴趣是出国旅游。为了在人生最后的时光里去遍从未去过的地方，一直在忙着查看世界地图，做各种旅行准备，也在非常勤奋地练习英语。我这位朋友一直过着独居生活，腿脚也不方便，不论是在旅游还是生活中都有诸多不便。而最能让T高兴的是充盈脑中的未知世界，和要快乐、有意义地度过余下人生的强烈想法。

其他不怎么爱生气的朋友或是在忙着保持自己的方式生活，或是在忙着照顾需要自己帮助的人，或是在满怀干劲地朝着自己的远大志向前进。前进的力量越强，负面情绪就越弱。

不过，还有一些愤怒是不能仅靠前进解决的。

我有时也会生气，既会因为身边一些琐事而生气，也会对在公众场合缺少公德的陌生人感到气愤。听到朋友卷入麻烦时会和朋友一样生气，也会对社会问题和自己生气。

不带有时刻准备放弃的心态，想进一步欣赏这个世界，不会感到愤怒，其实是克制自己天性的结果。正因为在按自己的想法看待世界，我们才会生气，那或许是因为其中有着相应的“期待”。

会感到愤怒、悲伤并在其中不断挣扎，这才是人类。我们也许无法让躁动的情绪复原，但是可以去努力整理好它们。这些智慧，我想我们还是有的。

转换愤怒的能量

负能量也可转为正能量

在前面的小节里我们讲到，愤怒是破坏性的能量。然而改变思考方式后，这种麻烦的负能量也可转换为正能量。

对于将愤怒的能量转化为前进的动力这点，我也有过切身感受。若干年前，我既没有全职工作也没有钱，只是作为短期的合同工辗转于各个职场之间。在那里，工作在最底层的弱者，就是正式员工和老资历的合同工发泄压力的对象，会因为一点小事就被骂得狗血淋头，还会不断被人讽刺挖苦。

这真的令人非常气愤。我当然会对这样的人生气，同时也气身处这种立场上的自己。然后，我在心里发誓："一定要摆脱这样的地方！"而这变成了把我推向自己向往之处的力量。

或许有的人会因为觉得"这样的公司太过分了，应该救助这些处于弱势的劳动者"而自己创建了一家新的派遣公司，抑或朝着开展政治活动的方向前进。对社会或政府的怒火有时也会发展为大规模的运动，怒火聚集到一起后，就会变成可以改变社会的力量。

有一位女性曾被男友狠狠地抛弃，她的怒火转变为“一定要瘦下来，变漂亮，让他后悔”的誓言，最终她变成了令人刮目相看的美女。不过，听说在她变漂亮以后，想让过去的男友后悔这件事就变得不再重要了。自己变得漂亮是一大收获，但最重要的是她因此收获的自信带给了她对未来的希望，让她从对过去的执念中解脱了出来。

除此之外，还有人因为没有学历而被工作拒之门外，从而发誓要开家公司争口气，最终获得了成功。也有的人因为贫穷而无法参加修学旅行①，决定要靠自己的力量去国外，最终参加了当地主办的海外高中生志愿者活动。

愤怒的能量会转化为干劲与热情，最终变成“结果好就好”的想法。如果能肯定现实，也就能肯定过去的一切了吧。结果幸福的话，就可以原谅过程中的一切。

心理学上有一种说法：如果彻底探究愤怒，它最终就会变成恐惧。那么对忍气吞声的恐惧会成为唤起人的力量，变化是否也会随之而来呢？

---

① 即户外教学，日本中小学教育的一环，由教职员带领学生集体行动、合宿的旅行活动。——译者注

痛快地倾吐情绪

◆• 创造一个可以容纳自己情绪的场所 •◆

我去乡下泡温泉时，进来了三位好像是熟客的老婆婆，她们在那里开起了“坏儿媳批斗会”。

“我家的媳妇啊，要是我给孙子买了玩具的话，会叫我不要多管闲事。”

“啊呀，我家那个也是。孙子特别喜欢我，肯定特别不高兴吧。”

“我家的儿媳妇啊，自己都不会正经做顿饭，还总嫌弃我做的饭。”

诸如此类，“坏儿媳日报”在持续不断地更新着。在这样的地方，通过倾诉心中的情绪，老婆婆们内心的平衡也得以维持，或许等她们回到家，又会为了扮演一个“好婆婆”的角色而做出各种努力。

通过聊天纾解积压的情绪，不仅可以平复心情，在和别人说明情况的时候，也可以客观地看待自己，心情也可以得到改善。

自己一直默默忍耐是不好的。如果没有一个发泄情绪的出口，身心就会被它损害，抑或把怒气发泄到别的地方。那些在电车上暴躁发火的人也好，在网上匿名谩骂的人也好，那些拿狗出气的人也好，都是将心中的不满发泄到了不对的地方。

我曾经受理过电器商品的投诉电话。人们会在重复抱怨的过程中变得更加愤怒，提一些无理的要求来刁难，最终开启说教模式，有的人最后又激动起来，甚至不禁让人觉得“有必要吗”。身处顾客这一强势立场上发泄怒气，是能体会到一点快感的吧？更何况还是通过电话这种看不到脸的交流工具。面对这样的顾客，只能等他把怒火彻底发出来，直到心满意足为止。

要表示“我明白您的心情”“这样肯定很不容易吧”，像这样一边体谅对方的心情一边聆听对方的责骂，之后对方也会渐渐对发火感到疲惫，而这之后就是成年人之间的协商了。这些勃然大怒的人只有在情绪得到彻底发泄后，或是出于罪恶感，才会补上“其实这也不是你的错”这类安抚的话，毕竟他们的心情已经好起来了。

不过即便如此，把怒火发泄到别人身上仍会给对方带来不快。我们应该找一个可以接受自己情绪、听自己说话的地方，在这里发过牢骚，人的心情就会变得明朗。把郁闷说出来，就好像有人在倾听一样，也不失为发泄情绪的一个窍门。

缺乏信赖关系，生气毫无用处

爱可以容忍愤怒

我认为，对别人发火后还能获得对方原谅的情况，无非是发火是为了把愤慨的心情告诉对方、出于保护自己的目的以及双方拥有信赖关系这三种。

因为生气是在告诉对方“是你错了”，是否定对方的行为。面对否定自己的人，不论对方所说的多么正确，人们也无法坦率地接受。

年幼的孩子完全相信父母，即使被父母责骂也能接受。体育教练不论如何训斥运动员，运动员也会跟随教练，因为大家抱着明确的目标——“希望我们队获胜”，而且运动员们对教练都有着绝对的信任。

然而有的人却因为职位、年龄、资历在对方之上，或是因为身为顾客付了钱，或是因为自己发给大家工资等原因，就误以为自己才是站在更高位置上的人，所以生气也无可厚非。人居高临下地看待对方时，就会变得易怒。

不过，这些情况下，发怒者都是利用自己的立场优势占了别人的便宜。被骂的人会觉得“有什么了不起的，不就因为你说了算吗”。

一旦脱离了这一立场，双方就是平等的。如果两人之间不存在信赖关系，一方却和另一方生气的话，人际关系就会产生裂隙，被责骂的人会感到不能接受，或是自己也陷入自我厌恶之中。

在心意相通的情况下却是可以和对方生气的。上司再怎么严厉地训斥部下，等事情过去，也不会给部下留下阴影，这是因为在双方之间存在着牢固的信赖关系。

在公司内部，有人为了使公司氛围不过于松懈而自己扮黑脸。如果能明白他人或公司的心思，或许就会得到谅解。是的，和对方生气却能被对方谅解，需要的是为了对方着想的爱，而不是为了自己这种自私的原因。

某位七十多岁的著名女作家在给工作带来麻烦时，常年为她工作的秘书就会严厉地批评她：“老师，您这样可不行啊！请您认真点儿。”

“会这样说我的人除了她就没有别人了，我得好好谢谢她。”这位作家这样笑着说道。只要带有爱，即便是下属，也可以对比自己地位高的人发火。你准备对别人生气的时候，首先要确认你们之间的关系是否会因为一点小事崩塌。

责备女性前要知道的事

—• 女性会判断同性“是敌是友” •—

女性在看待其他女性时，“自己的标准”会体现得非常明显。

男性会因为对方和自己的性别不同，便认为对方某些地方不能和自己相比；但如果面对同性，则会变得非常严厉，会认为“我做得到，你肯定也做得到”，可是“你为什么会搞成这样”。他们有时便极易动怒。他们不仅会针对某一点，甚至可能会从价值观和品性等方面否定对方。

但是，女性并不喜欢生别人气或者别人生自己的气，特别是同性之间。自古而来，女性的职责就是在男人们外出打猎的时候保持村内和谐，互相协助，把孩子抚养大。因此女性是希望维持和平的。

因此，只有在有着非常牢固的信赖关系的前提下，才可以对女性发火。如果因为感情用事训斥对方，那么对方也会感情用事起来以保护自己，这样的情况时有发生，毕竟女性是有着丰富感情的生物。

此外，也有些女性会因为对方是同性而表现出敌意。有的人本可以坦率地接受男性上司的提醒，但是面对女性上司的提醒时却会心存芥蒂。如果是自己认为其能力和人品值得尊敬的女性上司的提醒，她们会非常轻易地接受；如果不是这样，那么对方的缺点便会被放大。

以前，我在服装连锁店工作时发现了一种倾向：在男性当店长的店里女性员工比较多，在女性当店长的店里男性员工比较多。

在女性店长看来，男性员工比较容易接受自己的要求和提醒，比较容易提供协助，因此录用了他们。但更常见的情况是，女性店长与女性员工之间有着一种看不见的敌对关系，因此女性员工辞职率高，自然男性员工的比例就会变高。

尽管如此，也有店铺是由清一色的女性员工组成的强大团队，业绩得到了提高。一旦隔阂消失，女性之间的关系就会变得更加团结,这就是女性间关系的特点。女性团队比较容易出现极端情况，要么关系冷淡，要么齐心协力、团结一致。这说明，女性在面对其他女性的时候，会下意识地判断“对方是敌人还是朋友”。

所谓的“朋友”则是指可以感到同理心的对象。这并不是指用来发泄情绪的对象，而是一起体会痛苦，齐心协力，有共同感受的对象。

被同样的感受联系在一起，是女性共处之道。或许女性对彼此的差异感兴趣并感到有趣是非常必要的。

责备男性前要知道的事

—• 女性会判断异性“我喜欢还是讨厌” •—

不论对方是什么样的男性，女性都会无意识地根据自己是“喜欢还是讨厌对方”来做出评判，这种评判的特征便是对自己喜欢的男性非常宽容，对自己讨厌的男性则会严厉以待，毫不心软。这或许是因为受到了女性遗传的想和男性配对的DNA 的影响。

获得女性较强好感的男性，哪怕身上有些小毛病也会被宽容相待，即便做了女性不能容忍的事，女性也会认为“没办法”，不知为何，女性对他就是讨厌不起来，这种人还能得到女性的帮助。

然而，女性在对待自己厌恶的男性时，则会给予他们非常严厉的待遇，严重时会表现出异常明显的冷淡态度，或是无视对方、背地里说坏话等。也许正因为对方是异性，女性才更容易表现出愤怒。

对觉得“女性难以应付”的男性来说，认真工作固然重要，但还是从了解女性内心开始做起更好。

下面要说的是女性责备男性的方法。首先就是不要情绪化。虽然也有“不打不相识”的情况，但人们一旦变得情绪化就无法平和地交谈。女性情绪化的生气和哭闹与男性的粗话或职场暴力一样，可以说是一种犯规行为。如果对方是亲友或者男友这种可以让自己撒娇的对象还好；如果是在工作场合，就会无法得到他人的信任。

此外还有一点，就是女性不要一直责怪男性。大多数男性不会像女性一样把“太过分了”或者“不是那样的”这种话一一说出来，而只会自己一个人生闷气，因此有时其想法非常难以理解，因此，不解的女性就会不断地责怪对方。最后，要么是男性一走了之，要么是换成男性发怒。实际上，男性才是想要和敌人战斗、防卫本能很强的一方。如果不能了解“不能再说下去了”这种“雷区”，就会陷入非常糟糕的情况。情绪激昂的男性是认真想要战斗的，最后会导致女性受到严重的伤害，说着“算了吧”并举起白旗投降。女性要注意，责备男性的次数越多，对方越容易暴怒。

在责备男性的时候，给对方留出一点后路才是明智的做法，而且生气也好，责备也罢，记得要在不知不觉间表现出对男性的敬意。男性们一直都希望自己可以从女性那里得到认同和尊敬，如果能把握这一点的话，我想对于女性的牢骚，男性接受起来也就比较容易了。

愤怒的男女之别

女性愤怒的根源是“希望被爱”

绝大部分人都没有注意到，在恋人或夫妻这样的男女关系之中存在“男性就是强大的，女性就是弱小的”这样一种无意识的想法。二者之间是不对等的。

男性希望自己是个“受女性尊重的男人”，希望自己是个“能让女性依靠的男人”，因此，在其愤怒的根源中存在“想展示出自己强大之处”“希望自己掌握主导权”这样的欲求。易怒的男性心中有着这样的想法：“男人本来就是强大的，就算我这样发脾气也会得到原谅吧。”

一方面，一旦男性被女性唠叨，或是被女性轻视，或是被指摘缺点，就会因为“男性是强大的”这一既得权益受到侵犯而喷发出怒火来。另一方面，追根究底，女性愤怒的根源无非是因为“希望被爱”“希望得到理解”这些欲望。此外，易怒的女性也会因为“女性本来就弱小，男人那么强大，就算这样发脾气也会被原谅的吧”这样的想法而管不住自己的怒火。

也就是说，男性也好，女性也罢，我们都站在自己的立场上放纵着自己，生着别人的气。

女性“希望被爱”“希望得到理解”这样的欲望是非常被动的。女性原本就具有“接纳性”，女性在“得不到男人的爱就无法生存”的现实中度过了千百年岁月，因此有时会无意识地认为“如果他爱我的话应该就能做到”，采取生气的方式来确认男性对自己的爱。女性会通过男性听自己的倾诉、讨好自己、向自己道歉等行为确认对方的确爱自己，一旦如此，心情便会平静下来。

举例来说，一个女人做好了饭等待男人，但是男人却不能来了。男人说明了原因，“因为加班所以来不了了”，并向女人道歉，他以为这样问题就解决了。但是女人即便嘴上说着“这也是没办法的事”，心情却并没有因此变好。在下次见面的时候，为了确认对方的爱意，她会反复地询问对方“你最近是不是太冷淡了”“你上次都没看出我剪了头发”。男人无法理解女人现在好像心情不太好的原因，而女人也会一直处于无法释怀的状态。

不过，女性真正的不满在于“希望他能吃自己花时间花心思做的饭”“当时非常想要人陪”，如果能把这些想法直说出来，那么双方一定可以互相理解。

男性也好，女性也罢，都不要过度利用“生气”来放纵自己，还是让自己多笑笑吧，如果能体谅对方，那么双方就可以顺利地相处下去了。

整理愤怒

—• 首先在心里默数到 10 •—

愤怒是每个人都会产生的情绪。在遭遇到某些打击、发生了令人难以接受的事情时，怒火瞬间便会涌上心头，这是再自然不过的事了。因此，不必认为“我不可以生气，我怎么是个如此小心眼的人”，不必如此否定自己。

但生气之后的整理却是非常重要的。一旦生起气来、无法控制自己的言行，事态就会变得非常麻烦。在这种时候，可以试试下面这几种方法。

正确整理愤怒情绪的方法

一、“1、2、3……”在心中慢慢地数到 10

再激烈的怒火，如果能数到 10，都可以被扑灭。接下来可以让自己成为女演员，尽量冷静地用诸如“我知道了”“感谢您赐教”之类的答语回复对方。如果感觉眼泪快要流出来了，可以用“我去一下洗手间”之类恰当的理由来离开现场。

二、离开现场，平息怒火

散散步，呼吸呼吸外面的空气，深呼吸过后发发牢骚：“太过分了！竟然说出那种话，实在是太过分了！”抱怨一两句也会使自己冷静一些。再怎么生气，都不可以让自己一直处于愤怒状态下超过 30 分钟。自己的怒火要自己平息。

三、问问自己“生气的原因是什么”

等自己冷静一些之后，就像和自己对话一样，试着问问自己“刚才为什么会那么生气”，答案可能是“因为最近实在太累了吧”“可能刚刚对方也太激动了”。这样下来，有时就会发现生气的真正原因在别处。

四、面对对方思考策略

如果你遇到了“有要向我坦白的事情”这样的情况，到底要如何做才能让对方明白呢？来制定一个作战计划吧。冷静之后再思考，一定可以找到更好的方法。

如果这样做了以后怒火还是没有完全消散，可以通过改变行动和思考方式来做到情绪上的“更新”。

注意，并不是说当时就不可以生气，但如果一直在生气，只会徒增烦恼。如果在“合适的时候”生气，就会起到“连他（她）都生气了，说明事态很严重”这样的效果，致命一击还是要留到关键的时候使用。

关于情绪“更新法”，我将在第 2 章进行说明。

第2章

整理情绪的12个关键

握住情绪马车的缰绳

—• 用爱游刃有余地驾驭情绪 •—

是不是大部分的人都觉得“情绪难以控制”呢？的确如此，因为情绪如同有别于我们的另一种生物。你是否有过“本来我也不想生气，结果还是生气了”的时候呢？我认为这是因为理性“不愿生气”，但是情绪却“很想生气”，这说明脑中想的和心里感受到的是两回事。

佛教经典《法句经》里有段文字，大意如下：“情绪就像马车，而掌握缰绳的是人。不能驾驭情绪、只是顺着感情生活的人不过是把缰绳握在手里，并不是人生的胜者。”

我们可以把情绪比喻为马车，把理性比喻为手握缰绳的人。假设马受到情绪的支配奔跑着，它心情愉快、状态良好便罢，如果遇到可怕的事，可能就会立即停下来，愤怒地往别的方向跑去。如果天气状况或者马的身体状态不好，或是马处于不满足的状态下，它就会焦躁不安、毫无精神，连动都不想动。即便强迫马奔跑，它也会反抗、嘶叫。

但是也不能因此就彻底放弃缰绳，听任“情绪”这辆马车的安排，这样就无法到达自己要去的地方。这时，“理性”这个马车驾驭者的拿手好戏就该上演了。婴儿或动物可能会因为不会控制自己而闹脾气，但是一个成年人的情绪却会反映出这个人的思考方式和价值观。

“悲观还是乐观”的思考习惯，或者“危机状态下会如何反应”等行为习惯，可以透露出一个人的脾气秉性。情绪是我们亲密无间的拍档。它既可以成为我们的加速器，也可以成为刹车踏板。我们饱含爱意，就能和它顺利地相处下去。

如果觉得“这就是我，没办法”“情绪嘛，当然得发泄啊”，像这样放置情绪不理或者太过放任自己，就会导致无法抑制负面情绪的严重情况。

手腕高明的驾驭者懂得平复自己的情绪，安抚它、取悦它，在带给它勇气的同时，心情愉悦地享受自己的人生之旅。

以情绪更新法改善现状

转换行动、语言和思考方式

像愤怒和烦躁这样的情绪，如果不去理会，是不会自行排解的。

前面的小节里写道，情绪就像马车，它可不是置之不理就会自己变好的东西。你会觉得“必须转换情绪”“必须忘记”，但就算朝着这样的方向努力也是徒劳，因为越是这样想就越跳不出消极的状态。另外，如果心中空虚，就很容易被消极的情绪牵着走。

那么应该怎么办呢？

想整理好所有负面情绪，要在三个方面下功夫，那就是试着把自己的行动、语言和思考方式全部转换成新的。

我们往往会认为行动、语言和思考方式是由情绪引导的，也就是说，人们很容易认为情绪在先。实际上，按心理学的观点看，情绪是跟在它们之后的。

举例来说，根据统计，男性无法忘怀的女性中排名第一的是“让自己为她花钱的女性”。这样的女性向男性撒娇，“请我吃饭吧”“给我买这个吧”，男性花掉大把金钱后（有所行动后），就会觉得“原来我这么喜欢她啊”。而会说“其实不用请我啦”“AA 制就好”的女性，他们总觉得无法接近。不同的行动最终会导致不同的情绪。

试着说出积极的话也是一种有效的办法。对自己不喜欢的人，可以直接地表示“我喜欢他（她）的某一点”，渐渐地，你就会真的那么想了。

接下来是改变思考方式。对现在有所局限的消极想法，要从对自己有利的角度解释。举例来说，早上在出门的时候不小心打碎了咖啡杯。是心慌地想着“呀，真是不吉利，可别真有什么不好的事情发生”好呢，还是把它当作“这可能是提醒我要小心的信号，最近做事情都慌里慌张的，要冷静下来再行动”好呢？

改变了行动、语言和思考方式，自然就可以对情绪进行更新。那么，从下一页开始，我会详细说明通过改变这三点来改变情绪的方法。

积极行动转移注意力

渐渐不再生气

我们先从行动引起的情绪变化说起。

比如说，因为工作上的事情感到非常生气，但是之后和朋友们讲讲笑话，去 KTV 做做麦霸，用心做一顿好菜等，在做了这些事后，你是否感觉已经可以忘记不开心的事了呢？这是因为在这种时候，通过做一些新的事情，可以达到更新情绪的效果。

尽量多做一些让自己高兴的事情，多为自己创造一些可以转换心情的环境吧。做做自己喜欢或是能让自己集中注意力的事，活动身体、收拾房间、看综艺节目或者催泪电影、读读小说，等等。有的人会干脆睡一觉，一觉醒来，不开心的事情就全忘了。

在上面提到的方法中，“活动身体”“改变场所”和“与人会面”这些尤其能对转换情绪起到非常好的效果。如果你能从中找到几个有助于自己转换心情的方式就再好不过了。

有的心理学家建议“在生气或者烦躁的时候，不妨试着拧自己一把”，这是因为人在感到疼痛的时候就会瞬间忘记生气，转而想起很多其他的事情。通过把注意力转到别的事情上，愤怒的情绪就会得到缓解。

也有人将自己生气的事当作笑话，像聊别人的事情一样讲给他人听，能这样做非常了不起。要是对此可以谈笑自若，客观地看待自己，就可以在很大程度上心情转好。

这样的治疗方式可能有些过激：可以对惹自己生气的人显露出愤怒之态，但或许也可以采取和自己的情绪完全相反的举动。如果感觉快被气炸了，可以试试高声大笑（请注意对象和使用环境）；对于立场和自己对立的人，即便没有错也要向对方道歉。试试对自己讨厌的人微笑着打招呼吧，你尝试做这些事情的时候就会注意到，自己不再像过去那样在意了。你或许会发现，自己变得比对方更加大度了。

改变行为方式不一定能让自己完全忘记怒火，但一定可以帮助我们平息怒火。不断地更新情绪，让不高兴的事情早一点随风而去，能做到这些事情的人一定很坚强，而且熠熠生辉。

我们的目标是“化怒火为笑容”。

积极言语消除烦躁情绪

"希望"二字带来积极心态

心情不好的人大多会说些消极的话，但应该不会有人说着积极的话却还不高兴。

"忙死了，忙死了""该怎么办啊""我这种人……""唉，好累啊" "真讨厌"……类似这样的自言自语、牢骚、抱怨之类的消极话语会渗透到思考方式中，让人变得更加烦躁不安、消沉，心情更加不好。这或许是绝大部分人都能体会到的吧。如果想整理好消极的情绪，使用积极的话语可谓最简单也最立竿见影的良药，人也会变得心情开朗，积极向前。虽然改变情绪不容易，但改变措辞应该是任何人都做得到的。

为了能说出积极的话，可以在生活中寻找积极和值得感谢的地方，再通过语言表达出来。在平日里多使用表示喜悦、幸福、感动、感谢的话语，可以培养让我们免受坏情绪感染的抵抗力。

在这里，再为大家介绍一个把希望纳入话语的方法。

假设有人安排你做一项异常困难的工作，起初你会觉得"这也太难了吧”。在这种时候，再怎么说“没有那么难”也不会有任何作用，你在用否定性质的话语思考时，已经在脑海中留下“太难了”这样的印象。这种时候，就像告诉自己“简单，简单”一样，要对自己说“要是简单就好了”这种完全相反的话；当你自己能够自然而然地产生这种感受时，就会觉得自己能行了。

当你见到不感兴趣的人时，告诉他“一直非常期待可以和你见面，很高兴见到你”，因为加班感到郁闷的时候，告诉自己“8 点为止就能搞定”，即将做简报而感到紧张的时候，告诉自己“没问题的，首先要打起精神来做”，创作一个最棒的脚本。

把最好的、最有希望的预测用语言表达出来，就可以描绘出画面。

这一方法对烦躁的人同样有效。对一直板着脸的上司说“看到您的笑容就放心了”，对态度随便的后辈说“你也挺认真的嘛”，对你觉得变冷淡的丈夫说“你这么体贴真好”，把这些和实际相反的希望说出来。

亲口把话说出来才是关键点。一开始，你可能会觉得“这样说也太刻意了吧”，其实不是这样的，对方会朝着你所期待的方向努力。

就当是给对方下了一个魔咒，一定要试试看。而在那之前，也要给自己施一个解除怒火和烦躁情绪的魔咒，你就会发现，自己和对方的关系变得融洽了。

转变思考方式以更新情绪

→• 明白自己真正想要的 •←

可能大家都有过这样的经历：无论怎么努力转换心情，无论事情过去多久，仍然会觉得“这样还是不行”“不高兴的事情怎么都放不下”，恨不得趴在被窝里手脚并用地一边拍着床一边大喊“我饶不了他（她）”。

遇到这种情况时，就只能改变我们的思考方式了。

假设你得知自己信赖的人在暗地里中伤，对方还泄露了你的秘密，大部分人遇到这种情况时都会感到愤怒。

你心想“我那么相信她”“都是因为她，大家看我的眼神都变了”，怒上心头。遇到这种情况，可以试着问自己：我真正希望的是什么？觉得“想让对方道歉”的人，可以直接这样告诉对方，说“我感到很伤心，所以希望你能道歉”；如果你觉得“不想再和这样的人来往了”，那么不再和对方来往就可以了，如果因为有事或者是工作上的缘故需要联络对方，普通地应对就好；如果你“希望关系能恢复如初”，就要考虑可以好好相处的方法。

不论是哪种期望，都可以向着安抚情绪的方向迈进。戳中心中的那支箭，只能由自己来拔掉。

另外，把“本来很想……”“都怪……”这样的想法换成“多亏……”如何？比如，“多亏了你，我明白了不能轻易地泄露别人的秘密”“多亏你给我上了生动的一课”。愤怒的缘由可以全部变成宝贵的经验。不论是怎样的事态，其中一定藏着“多亏……”的道理。寻找对自己正面的影响，寻找可以利用的事情，哪怕只有一件，剩下的就是大度地闭上眼。正面整理发生过的事情，愤怒就会得以平息。

但是即便如此，在怒火还未完全平息的时候，只能做好忍受心中的针扎般刺痛的准备。随着时间流逝、往事风化，只有当自己的状态变好，而且结果也好的时候，才是从心底真正地原谅了对方。

专心考虑该怎样做

只要整理情绪，问题就不会扩大

那些不懂整理情绪的人，很容易一遇到事情就大惊小怪，并把事情考虑得非常复杂。即便是那些没什么大不了的事情，他们在解决问题时也会混入情绪，脑中冒出各种各样的胡思乱想，因而会更加烦躁不安。

我们来把问题整理一下。

首先，要搞清楚目前面对的问题是对方的还是自己的。如果是因为别人的问题而烦躁不已，仅凭自己思考也无法解决。即便你想着“我不喜欢那个人的那一点”“非要说那种话吗”“就是不能原谅他说那种话”，对方也是不会改变的。

如果这些是只要心怀希望就能改善的问题还好，但在大部分情况下，还是乖乖地转换好心情才是最明智的做法。

如果是因为自己的事情而烦躁，只需要思考“我该做什么”，去解决这个问题就可以了，比如说，你因工作上的失误被骂，不得不重新制作资料。

懂得整理情绪的人，会认为“OK，只要修改这里就可以了”，然后重新上交资料。如果能通过这次经历找出应对今后可能出现的失误的对策，可能还会因此得到正面评价，因为他们知道哪里才是应该解决的要点，然后专注那里就可以了。

而不懂得整理情绪的人，会把情绪掺入问题的解决过程，从而无法专注地思考。他们会抱着“为了做这份文件花了 3 天时间”“上司的要求也没有那么明确”“会不会今后不再信任我了”等想法，想想这个再想想那个，最终甚至会发展成认为自己可能不适合这份工作。

也就是说，他想了太多不用去想的事，把微小的问题放大，并把问题考虑得太过复杂，因此遇到一点点小事就会闷闷不乐。一旦太过在意小小的失败，就可能会因此看不清楚目标，或是在目标达成之前就自我打击，等等。

能像单细胞生物一样思考着“只能放手去做了”的人，不论失败几次都可以再站起来，继续前进。

面对问题，只需要思考“现在应该怎么做”，不需要考虑其他事。为了达成自己的目标，如果能够明白“只需简单地思考”这一解决办法，即便是在头脑混乱的时刻，也能做到该做的事情并整理好情绪。想得太多是不好的。

问题与情绪分开思考

心情再差，也无法解决问题

我们再针对“问题”与“情绪”要分开思考这件事来说一说吧。“问题”与“情绪”是需要不同着眼点的两件事。

为了解决问题，不要有消极的情绪。不懂打理情绪的人，不论怎样都会心烦意乱，会习惯把情绪和问题放在一起思考。也就是说，他们在解决问题的时候掺入了情绪。

我们是人，自然会被感情左右。我最近也在旅途中丢失了手机，变得非常沮丧，心想“啊，这下可怎么办”，没有心思去玩了，行李也被我翻了个底朝天，却怎么也找不到手机。

不过，需要做的事也没有那么多，还是非常清晰的。我请运营商帮我停机，把有可能掉落的地方列个单子一一确认（即便如此也没有找到），挨个打电话给那些可能会联络我的人，告诉他们“如果需要联系，请发邮件给我”。

这样一来，一想到自己“做了所有能做的事”，心情也会大幅冷静下来。

在找到电话或者买新电话之前，我的生活多少会有些不便，但是也只能这样了。这种时候，可以想着“来次不带电话的旅行也不错”，怎么方便就怎么想，把“这样也不错”这种话说给情绪听。

如果不懂整理情绪，一味想着“手机到底放在哪里了”“我怎么会把手机给弄丢了”，就会导致不会带来任何好结果的情绪出现，还会引发更多消极的事情。在解决问题的时候，要暂时收起情绪，只需专注地思考“接下来该怎么办”。接下来，就是去做那些自己应该做的事情。

在工作、生活和人际关系上难以疏通的都是情绪方面的问题，都是一些关于应该怎样让自己心情愉快、如果不顺利的话该如何恢复心情的问题。

可能有的人会说，“就算你这么说，情绪也不是能轻易收起来的”。

我明白，比如说工作上出了麻烦，会出现“这是谁的责任”“到底能不能做”等混合了各种情绪、看不清问题所在的情况。如果能自问“我最终要获得什么样的结果”，清楚地决定好目标，就可以找到解决问题的方向，也能整理好情绪。虽然不见得每一次都能干脆利落地分离好情绪，但如果努力把要解决的问题和情绪分开整理，渐渐地，解决问题和恢复情绪的时间就会大大缩短。

少一些好恶标准

扩大心的容量

人会按自己的好恶标准来评判他人，但如果这个标准太鲜明，就会出现问题。

我有个女性朋友，她有一套自己的、鲜明的好恶标准。她人并不坏，但就是有很多不喜欢的人。不仅如此，她还喜欢传闲话，“听说那个男的可差劲了”“那人没什么本事还总自以为是，很讨厌”等等，表明自己的厌恶之情，会说“真是想起来就讨厌”这样的话。去聚会的时候，对自己喜欢的人，她会无限友好，对自己不喜欢的人则是“我不想和那个人说话，咱们去那边吧”，从而避开对方。而如果对方主动过来说话，则会以爱理不理的态度对待人家。对方可能也会因此而感到不快，但她本人应该是最不高兴的一个。

有诸多好恶标准的人，会将错就错地说“这就是我的性格”，似乎觉得“能清楚表达自己的态度是好事”，但这样做会让自己吃亏。

试着和自己不喜欢的人说话，可能会听到一些有趣的想法，或许会得到对方的帮助。如果从一开始就拒绝对方，就实在太可惜了。

如果在职场上也有自己不喜欢的人，就会变得更加麻烦，因为你再讨厌对方，也不得不和对方来往，烦躁感就会越来越强烈。如果不用“不喜欢”，而是用“不太擅长”这样的想法去面对对方，压力就会少一些，事态也会有所好转。

此外，有的人自己心中有一些固有观念，比如“上司就应该是个怎样怎样的人”“一个男人就应该如何如何”，这类人也比较容易感到烦躁。

抱着像“怎样怎样才是对的”这样的正论、“通常应该会如何如何吧”这样的一般论、“这是常识吧”这样的常识论想法的人或许比较容易感到烦躁。如果这些还是大家的共识，烦躁感正当化，情况会更加棘手。她们可能理所当然地想“男朋友一般不都会做这些事情吗”，于是会感到烦躁。但是，这些大多是我们自己一厢情愿的想法，会使得我们的视野变得狭窄。

个人见解太鲜明，心就会变得死板、不灵活，性格往往容易变得顽固。

大部分人的期待都是会落空的，如果每个人对每件事情都存在“我可不想这样”“饶不了他（她）”的想法，那又怎么受得了？想想“我不懂的事还有很多”“还有这样的事情啊”，放低自己视角，保持心灵的弹性吧。如果能带着兴趣观察社会，就会有新的发现，学到新的东西。

太无私的人无法整理情绪

不再迁就他人

就算是需要遵守社会潜规则的成年人，我觉得，在某些方面也是可以偶尔任性一把的。

“我不会唱卡拉 OK，就别让我唱了吧”“要我说的话，相比中国菜我更喜欢意大利菜”……你这样说了，就会获得相应的对待。虽然有时还要考虑能不能直接这么说，但即便面对上司、长辈，使用了合适的表达方式，也会让人觉得“可以讲这么清楚挺好的”。

这可以说是“自我中心”，拥有自我的人懂得自己想要的是什么——“我想做这件事”“我喜欢这种”——他们清楚自己应该怎么做。他们在“自我轴”上生活，因此没有太大的压力，也比较容易整理情绪。

即使出现了意想不到的压力，他们也会坚决地“做能做的事”，而对于做不到的事情，他们也懂得婉转地拒绝的方法，比如“这个对我而言有点难”。

问题在于那些没有自我的人。他们会想“要配合大家”“怎样都好”，会像这样顾虑周围的人，会把配合别人当作自己的行为准则，甚至会不懂自己究竟想要什么。因为看不出应该怎么办，他们会被环境牵着走，因此会一直背负着不满和烦躁。然后，如果不能顺利解决的话，他们还会把原因归咎到别人身上，或是陷入自我厌恶的境地。

因此，如果不能站在“自我轴”上积极主动地思考，就无法整理好自己的情绪。

可以想象，大部分职场女性之所以看起来很疲惫，可能就是因为想要配合环境的步调而过于强迫自己。虽然也有来自工作的压力的因素，但是还可以想到，这是因为她们太懂得察言观色，告诫自己“一定要这样做”，太过完美主义，或者把目标定得太高。她们太过认真，目标太高的话，就会在和环境的摩擦中身心俱疲。

我也曾如此。从前我进入新职场的时候，不论什么事都配合着前辈，如果大家在加班就会照顾大家，即便自己的工作都做完了也会陪着加班，结果搞得筋疲力尽。半年后来了一个新人，她一搞定自己的工作，就会留下一句“我先回去了”，迅速地下班。在工作中，她也主打自己擅长的部分，对那些自己做不来的工作，她会清楚地告诉别人：“这个工作我一个人做有点困难，可以请你帮我吗？”即便如此，她也得到了大家充分的体谅，由此我才察觉，“原来这样做就可以了啊”。

让自己从容工作的条件需要自己去创造。首先要挺起胸膛，变得坦然，试着从传达自己的想法——哪怕只有一个——开始做起。稍微随心所欲也无伤大雅。

独处以整理情绪

—• 直面情绪，察觉心声 •—

我们只要和别人在一起，就一定会受到行为和情绪方面的制约。

我们拥有上班族、朋友、父母或孩子、妻子或女友等等身份，即便脑中没有意识，也会以此为标准来行动。

不论跟关系再好的朋友在一起有多开心，和家人在一起有多放松，天天在一起也会感到疲劳。因此，在一天中，哪怕只抽出一点时间，也要远离一切，给自己独处的时间。哪怕是因为要育儿而没有自己时间的人也好，在睡觉前或起床后如果能留出 20 分钟属于自己的时间，待人也会比较温和。

尤其是因为在生活节奏快的现代社会，很多人的烦躁就是时间紧张造成的。“这个也得做，那个也得干。啊，时间太紧了！”这样不停被时间逼迫而一直处于紧张状态的人，拨出一段可以让自己放松下来的时间，不仅可以使情绪得到恢复，也会使效率得以提高。

一个人独处的时间，也是解放情绪、正面自己的时间。

静下心来倾听自己的心声，可以试着问自己“状态怎样”“现在这样可以吗”这样的问题。当心中残留着“心情烦躁”“心情一点都不好”“提不起干劲来”这样消极的情绪时，问问自己“那是因为什么”“最近是不是太勉强自己了”“愿不愿意和别人说说”，就好像和自己对话一样，试着直面自己的情绪。

如果情绪一直诉说着“请理解我”，而你却无视它，它就会暴动。

一旦认清了自己的情绪，就会明白现在为了自己，什么才是最重要的。

一个人独处的时间也是取悦自己的时间。可以放松心情，计划自己的日程安排，还可以读读书。晚上可以做做按摩，也可以敷个面膜。有段宠爱自己的时间对女性而言可是非常必要的。

我最近比较喜欢的独处方式就是听音乐。听最贴近自己情绪的曲子，就会觉得心情舒畅，也可以注意到自己的心声。接下来，不论如何悲伤，如何生气，如何心情不振，还是能感觉到隐藏在最底层的那振奋向前的生存能力。

要相信自己并向前迈进，为此，一个人独处的时间是非常重要的。

不执着于自己没有之物

喜悦而感激地发现已有之物

我们有时会听到“本来不该是这样的”这种话。

单身的人认为：“我本来计划在30岁的时候结婚，然后再养一个小孩。但是呢，直到现在我还是要工作到深夜，别说结婚了，连个对象都没有。人生真是不能称心如意啊。”

已经结婚的人则是：“都说结婚才是幸福的，那都是骗人的。每天的时间都耗在照顾小孩和老公身上，我觉得我的人生早不知道跑到哪里去了。我在原来的公司里备受期待，要是没结婚的话，搞不好现在都升职了呢。”

这是两位因为无法接受现在的生活而唉声叹气的女性，但她们都走着自己选择的道路。人们都在过着自己选择的生活。

感叹自己独身的人，比起向对方妥协、伪装自己的婚姻，认为不结婚更好，从而选择了不结婚。结了婚的人也是自己选择了现在的生活，哪怕需要放弃工作。这些本是自己希望得到的东西，可一旦得到后就变得寻常，你就会对别的世界感到艳羡，无法察觉日常生活中存在的价值。如果这样的感觉麻痹了，就试着返回自己进入公司或结婚时的原点吧。

想必不满自己现状的人，不论在什么样的状态下都会一直抱怨。相反，感觉“自己很幸福”的人，不论站在什么样的立场上，都会说“自己很幸福”。

幸福并不存在于某种状态之中，幸福是内心对这种状态的解读方式。单身的人能和朋友聊到深夜，没有任何顾虑就可以随心所欲地买想要的东西，可以决定自己的工作，这些都是站在现在的立场上才做得到的。

已婚的人能看到孩子的成长，在经济上也比较稳定，还可以选择生活和兴趣，也些也是只有站在目前的立场上才能做到的事。

比起特意拿着自己没有的东西和别人有的东西比较，如果能关注自己有的东西，人人都能感到幸福，想着“如果当初如何如何”而自己折磨自己的情况应该就会消失了。

遵从自己的欲望，听凭它的安排，寻找自己的快乐，应该就是通往幸福的捷径了，要记得关注寻常、普通的幸福。

相信人可以改变

—• 意志与努力最重要 •—

宣布“今天开始减肥、变漂亮”，然后刻苦努力，结果过了一周就开始暴饮暴食；想着“以后不骂男朋友，不再跟他吵架了”，结果又很快吵起来；想着“以后要按计划完成工作”，结果又像从前一样手忙脚乱，即使想要改变自己也改变不了。

由此，你深切地感受到“人其实是无法改变的”，从而陷入自我厌恶之中。

这是因为即便头脑里想着“我要改变”，情绪却在说“不想改变”，但人是可以变成自己希望的样子的，不可能做出自己不希望的选择。情绪倾诉着“不想改变”，一定有其原因。

最重要的原因就是，做已经熟悉的事情比较轻松。此外，你可能觉得即使改变了也没意思，没法保证这样做了就一定能成功，这么做没那么有效，说不定本来就无法改变，等等。经过综合判断后，情绪就会说“我不要改变”“现在这样比较好”。

如果要让情绪按照自己的意思改变，需要意志力和努力。

所谓“改变不了”往往很容易被人当作性格问题，然而，这实际上却是意志问题。如果告诉经常迟到的人“再迟到就罚款 500 块”，他可能就会每天准时来了。想着“不论如何，一定要做到”，人就能有所改变。反复回想某个念头，或是把它写到纸上、贴在自己看得到的地方，就会在一定程度上逐渐改变行动。

改变一直以来的行为模式，或是尝试一些新鲜事物时，能量都是必不可少的。对坚持到底的风险，也要做好心理准备。

剩下的就是在钻研“如何做才会成功”上下功夫了。如果没能顺利进行，就要换个方法多试几次。通过一些微小的成功，把自信融入“我也是可以的嘛”这一成就感中，同样能使情绪改变。

我经常模仿那些做得好的人。思考着“如果采取同样的方法我应该也能成功”“那个人会怎么做”，试着把自己当作那些人再行动。改变虽不能一蹴而就，但这样做了以后却可以感觉到自己在一点点接近对方。这其中最重要的一点或许就是相信人能改变。

第3章

不烦躁的理由

烦躁的人给自己制造障碍

——情绪是自己选择的——

一个人再怎么烦躁、不开心，也不会遇到好事情。先来说说无法整理烦躁情绪会有多大坏处。

比如说，你在网上买的东西送到后，发现和自己想要的颜色不一样，仔细一查后发现，原来是因为买错了颜色。即便觉得“去换一个也太麻烦了，就用这个吧”，你却还会因为“可不能浪费钱”“要是当时检查一下就好了”而烦躁。

如果这时孩子又吵又闹，还把房间弄得一团乱，你可能会更加心烦意乱。“你怎么老是把房间弄成这样！”不分青红皂白地责骂孩子并把孩子骂哭，会让你更加自我厌恶。

这种时候接到朋友打来的电话，你也会心不在焉，迅速地挂掉电话后才意识到“咦，朋友说下次要来我家，哪天来着？刚刚没记下来”，然后再回拨过去，可是没人接听，烦躁的情绪又会更上一层。

这一天里你还有很多想做的事情，而你一点儿去做的心情都没有，甚至没有力气去想晚饭要吃什么，然后破罐子破摔地决定“今天还是去外面吃好了”，然后又会因此觉得自己“又花了不该花的钱”。

人一烦躁起来就会被消极情绪缠身，无法再冷静地看待现实，甚至无法从容地享受现实，同时还会缺乏集中力。烦躁会让自己说出不该说的话，甚至让人际关系产生裂隙。烦躁不仅无法带来任何好处，还会引起更糟糕的情况和更负面的情绪。

首先，要认识到“是自己选择了这样的情绪，因此责任在自己”。即便送来的商品颜色不对，也要告诉自己，“谁让自己写错了颜色呢，其实这个颜色也挺不错的”“这个应该挺适合那谁谁的，当作生日礼物送给她吧”，如果可以这样转换情绪，那么烦躁的感觉就不会如此严重。这样一来，就不会把火气撒到孩子身上，也能高高兴兴地跟朋友通话，还能想着“今天做点好吃的吧”，干劲十足地做顿晚饭。

想不被烦躁牵着走，就需要在某些时候转换好情绪，这是为了能拥有更加平稳的情绪，为了能和周围的人相处得更加融洽。

如果感到心情烦躁，就回归原本的自我，试着对消极情绪喊停。

烦躁的人给他人的坏印象

苦瓜脸不会讨人喜欢

我以前的公司里有一位永远不高兴的女性。早上和她打招呼，说声“早”，她也只是看你一眼，面无表情地回应你。你拜托给她一件事，她也只会说句“啊？那好吧”，一脸的不高兴，一身的不情愿。开会的时候，她也绷着脸，没人能看透她到底在想些什么。如果有人犯了错，她会冲那个人发脾气：“你这样很影响别人，请你好好负起责任来。”只要她心情一烦躁，开始嘀嘀咕咕，大家就都僵在那里，琢磨着“出了什么状况”“是不是我做错了什么”。其实她工作很出色，却总是这个样子，真是可惜。

烦躁的人是因为处于允许她们烦躁的状况下才能如此，他们认为周围的人应该能发现自己心情不好，或许他们无意识地期待着周围的人问一句“你怎么啦”。

但是，他们周围也不都是这么体贴的人，大多数人都在想“尽量不要去招惹他（她）”。

我们都喜欢那些开朗、快乐的人，无法喜欢那些不开心的人。社会中的人际关系都是单纯以“个人好恶”为标准的。即便是说同一句话，可人们就是想赞成自己喜欢的人的意见；而对那些自己不喜欢的人，哪怕理性明白“这可能是个好主意”，在情绪上也不愿老老实实地赞同。

人类情绪的特点就是如此：面对自己喜欢的人，就想帮助对方，也愿意与之分享信息、支持对方，希望能和对方一起工作，即便对方有些许失败，也会说“没关系”。

我刚刚提到的那位同事，因为是老资历的员工，所以可以这样表现出不开心来。如果是合同工或是销售人员，若是被大家如此避之不及，可能就会丢了饭碗；而即便是正式员工，可能也无法指望升职加薪了。

此外，不高兴的人即使工作上再能干，也会让人觉得非常幼稚。一遇到不高兴的事立刻写在脸上，遇到一点事就惊慌失措以及动辄责备他人失误，甚至会让人觉得这个人是否没有一点学习价值。

希望大家能注意到，即便你是因为想着“希望获得关心”而表现出不开心，总是苦瓜脸的人是不会被人喜欢也无法得到信任的。

烦躁的人难获幸福

感恩之心让你远离烦躁

J 老板自己创立了一家服装公司，和五位员工过着从早忙到晚的日子，业绩也增长得十分顺利，就在终于要发展新事业的时候，发生了一件非常严重的事情。

哪怕 J 老板给每位员工打电话，说“今天可是非常关键的一天，不能不来啊”，也没有人来了。员工们只会回答“我已经受够了”并挂掉电话，纷纷拉黑了他。

为什么会变成这样呢？如果仔细思考一番，原因显而易见，因为这位 J 老板总是烦躁地斥责大家。“你怎么连这都不会”“公司都忙成这样了，周末来加班也是应该的吧”，J 老板总是这样，强迫大家跟自己一样，让员工陪着自己实现“创造一个年营业额一亿日元的公司”的梦想。

J 老板说，自己由此明白了一件事，那就是自己一个人是什么事都做不成的。

公司的业务维持不下去了，他不得已关了公司。

若干年后，重新创业的J老板已经变成完全不会发火的类型了；相反，他经常把感谢的心情传达给别人，力求实现自己身边员工的梦想。有的员工说“希望能做首饰”，还有的员工说“想设计包”，J老板早已决定，要请那些有梦想又有能力的人进入公司，请他们帮忙实现自己梦想的同时，自己也在公司内部支持他们实现梦想。

我听说，新公司创立将近五年，几乎没有一个员工提出辞职。大家都主动积极地工作，从心底尊敬J老板。

只顾自己方便而把烦躁发泄到别人身上是种罪过，一定会因此招致别人的怨恨。这样的人再想要做点什么或是遇到困难的时候，也不会有人愿意帮助他。即便他成功了，也不会有人为他感到高兴。

若是有“自己一个人什么事都做不成，都是因为大家愿意帮助我”的感恩之心，也就不会感到如此烦躁了。

向他人发泄的怒火和烦躁等情绪会变成怨恨反弹回来，而对他人的感谢会变成爱反馈给自身。我们给予他人的，他人最终会还给我们。这就是人际关系中的普遍法则。

一味被动会让人烦躁

◆• 充分利用等待时间 •◆

等待很容易让我们变得烦躁不安。等待联络、等丈夫回家、等公布结果、等有很多人的诊室叫号……着急的时候就连等车、等红绿灯都能让人心急火燎的。

为了不让等待的时间变成令自己烦躁的时间，其中一个方法就是不被动地等待。也就是说，在等待对方的时间里不再单纯地等，而要积极地把它变成自己的时间。

比如说，我和别人相约的地点通常都定在书店，这样的话，即便要我等上一个小时也没有问题。“今天看看旅游方面的书好了”，给自己准备一个轻松的小任务，我很快就会沉浸其中。即便对方打电话说“不好意思，我会晚点到”，我也会回复对方“没关系，不用着急，慢慢来”。等对方来了之后，我也可以和对方说“你来了啊，我刚好发现一本好书”，而这样的说法也可以消除对方的愧疚感。

为了不使自己变得烦躁，可以试试小声念叨“这样正好”。

比如说，如果你需要等几十分钟，可以给好久没联系的人发个短信，或者想想周末怎么安排，或是观赏街角的风景，说不定可以发现能开心地让时间变得有价值的方式。

不过，有时也会出现让人觉得用不上这种方法的情况，像是“等男友回短信已经三天了”这种时候，一天要查看好几次短信，结果却非常令人沮丧，时间过得越久就越令人感到烦躁。你会觉得“是不是发生了什么事”“他该不会是烦我了吧”，渐渐地，这些担心演变成了生气，“回个短信不就是一分钟的事吗”。

但即便是在这样的情况下，也是可以用这个方法的。

你可以想，“干脆借此机会，彻底摆脱通过回短信的速度来推测爱意的幼稚习惯吧”，或者“原来他以前有这么在乎我，收到短信的时候一定很开心”。

等待男友回复时的痛苦也可以说是恋爱的滋味，但等待是需要忍耐力的。烦躁感一旦变强，措辞就会变得充满怨恨，因此要尽量保持乐观。

抱着对结果的期待而等待也算是一种方法。应该不会有人在期待远足时心情烦躁吧？想象一下自己出发去远足时的喜悦和等待结束时的舒畅感。

因为不想被动地等待，我积极地下了很多功夫。不过反过来想想，这可能说明我其实非常害怕等待。

老好人的误区

只做自己做得到的

我们在工作中总会被赋予各种期待。公司会要求我们具备认真与热情、责任感和协调性，等等——“这里要求积极性”“必须为人可靠”“要达成业绩目标”。我们要做“优秀的部下”“不错的后辈”“好前辈”“优秀员工”……如果要满足所有的期待并为此努力奋斗，我们最后就会疲惫不堪。

我也曾经如此，特别是第一次当上司的时候，我很想成为一个深受部下尊敬和喜爱的上司，也想成为一个得到公司认可的管理人员，为此不懈努力，每天都筋疲力尽。然而，下属不按我的意思去做，我也没有成为一个理想的上司，烦躁感在慢慢地侵蚀着我。

现在回想起来，当时是因为“想当个好人”“不想被人讨厌”这样的想法太强烈了。

我认为，这说到底是因为我没有自信面对别人对真实的我的看法。

不过，让人看到自己不成熟的一面也好，应该说，只有表现出缺点，才能得到周围人的帮助。我是在经历了许多事情后才明白这一点的。

我们在被人赋予职能和工作的时候，“回应别人的期待”是非常重要的事情。哪怕是超过了期待1%，对方都会非常高兴，也会开始信任我们。但是，我们并不需要满足所有期待，只要把握好“只对这一点做出回应”就可以了。对做不到的那部分，只要老老实实地告诉对方“这个有点难”“请帮帮我”就可以了。

有的时候，好员工、好女友、好妻子、好女儿、好朋友……只要是想做对方眼里的好人，我们就会勉强自己，强忍住自己想说的话，拼命努力。为了回应对方，因为太希望胜任各种角色，结果却不堪重负，就像紧绷的皮筋“啪”的一声断了一样，你可能会觉得自己受够了，不想再当什么好人了。不如试着把自己一直以来扮演的“好人”范围稍微扩大一些，变成“虽然有做不到的事情，但是该做的时候就会全力以赴的人”如何？

“全力去做自己做得到的事”不也很好吗？想要有所成长的确非常重要，但在同时也需要尽量维持自然的人际关系。另外，即便想勉强自己，也不可能一直戴着一个“好人”的面具，毕竟不知何时，真正的自己就会显露出来。

贪心无益

—• 不要把日程安排得太满 •—

休息日，我们会安排很多要做的事情，比如平日里自己想做的事，还有一些杂事等等，想必大家都希望能充实地度过这宝贵的一天吧。我也是如此，一直都兴奋地计划着休息日到底应该怎样度过。

我定了一个计划：七点起床，然后开始打扫房间、洗衣服，之后回复邮件。九点出门，看之前就很想看的电影（在网上确认好上映时间）。午饭就去那家意面做得很好吃的咖啡馆。我这样安排了很多事情。要是能真的按照这样的安排度过，一定感觉很充实，然而，休息日的安排是无法轻易实现的。

首先，休息日早上七点起床就是一件不太可能的事情，我一不留神就睡过头了，起床时已经八点多了。洗衣服和扫除就先略过。虽然还得回邮件，不过先算了。我对起床后的计划能省的省，九点出门才是最重要的。不经意间瞥向窗外，我发现外面下起了雨，前些天就想好要穿的白衣服也不得不换一件。

到底要改穿哪件适合雨天的衣服呢？为此我苦恼了好一阵才做决定。“要是穿这件的话，鞋子就得配这双”，然后我便开始寻找收在衣柜里的鞋子，找得焦头烂额，最后变得为了达成目标而拼命翻找。时间无时无刻不在流逝，我终于高呼一声“找到啦”。随便找一双鞋子就到了中午，下午过得也很随便。等到要睡觉的时候，我想着“唉，宝贵的休息日就这么过去了”，满心失落。这样一来，休息日到底图什么？

通过这样的经历，我学到了度过休息日的方法，基本上就是“什么都不要做”，要做计划也只安排一两件事，剩下的就全按照那天的心情来决定，有心情就做。按照这样的方法宽松地安排，就可以毫无压力地休息。

工作日也是如此，如果给自己安排得太过紧张，就会因为“还没有做完”而焦虑。一旦进行得不顺利，就会变得焦躁。

越是对人生有着一番打算的人，就越容易把自己的日程表排得太紧。不要贪心，重视优先事项，有时也需要“敢于不做那些不用做的事情”的勇气，痛快地去芜存菁。

我认为，几乎所有的事情都是这样的，相比为了“不得不做”而去努力，用“再多做一点吧”的态度前进反而更能激发热情，也能感受到更多快乐。

从下一个项目开始，我们来说说整理烦躁情绪的方法。

用幽默和笑容击退烦躁

笑容是人际关系的润滑油

洋溢着笑声的职场、欢声笑语的家庭、面带笑容的好友……在这样的情况下，即便发生些许负面的事情，人们的关系也肯定不会被轻易破坏。

虽然大多数职场上都有一种“不该随便笑”的氛围，但是在我见过的职场上，洋溢着欢声笑语的办公室不仅气氛明快，还充满活力，大家工作起来也更积极。办公室里发扬互相帮助的精神，遇到了问题大家也会互相支持。

在不怎么听得到欢声笑语的职场上存在的是气氛压抑、冷漠淡然的人际关系。一旦出现什么问题，人们就开始追究责任，大有问题会变得更严重的趋势。有项研究结果表明，充满欢声笑语的职场在营业额和生产力方面比人们不苟言笑的职场要高出二至三成。

我们常说“欢声笑语幸福来”，发自心底的大笑会一口气吹散所有的焦虑，让心情变好。哈哈大笑之后，紧张感会有所缓和，心情变得舒畅，彻底忘记刚刚自己不高兴的原因。

笑容会让人感到从容，可以让人宽宏大量地面对现实。在人际关系中，如果可以相视一笑，关系也会瞬间变好。或许笑容就像润滑油，可以立刻给我们带来好处。人们都希望发展出可以一起欢笑的人际关系。

笑容在我们的人生中是如此重要的必需品，但出人意料的是，它没有得到重视。

职场上应该再多些幽默和笑容，但要注意时间、地点和场合。如果你觉得没有那么多值得高兴的事，我的建议是，先试着在和别人打招呼和说话的时候保持微笑。哪怕只是咧嘴僵硬地笑着，在说出“好开心”“有意思”的时候，感觉也会自然而然地浮现。毕竟，要一直保持着笑容生气是很困难的事。

笑有个奇妙的作用，就是你会从日常生活中发现更多“感到好笑”的事情。面对自己的失败，也可以对其一笑而过。你整个人散发着一种愉快的气息，就可以用笑容感染他人。

或许笑容与幽默是人类不使自己陷入消极泥沼的智慧，也是不会轻易被负面情绪污染的自尊心一样的东西。

尼采曾说：“为什么只有人类会笑？或许是因为只有人类陷在痛苦的深渊中，所以才有必要发明笑这种行为。”

找到烦躁的原因

或许没有那么严重

从前，两个朋友 A 和 B 在一起生活。为了能快乐地度过共同生活，最开始，二人制定了详细的规矩并贴到了墙上，诸如“轮流打扫卫生”“邀请朋友来家里需要对方同意”“不浪费电”等等，两个人看起来相处得很好，但是这样的生活却没能维持半年。

其原因是洗碗。因为回家的时间不同，两个人大多各自吃饭。A 是会在吃饭后马上洗好碗的人，而 B 则会在洗之前先泡一会儿碗，有时会一直泡到次日早上。A 最开始只是睁一只眼闭一只眼。某一天，他提醒 B，“快点把碗洗了吧”，结果却演变成争吵，最终发展为非常严重的状况。几天后，二人得出共识，决定不在一起住了。

其实，洗碗不过是个导火索，带出了二人平日里积攒的对彼此的各种不满。对于 B，A 在意的不仅仅是洗碗，他还看不惯 B 对洗脸池的清理，嫌电视的音量太吵、公共空间里私人物品太多，等等，烦躁感与日俱增。B也是，不厌其烦地向A讨要私人物品，也非常不满A对金钱斤斤计较。我在前面的章节里也提过很多次，人们总是会宽以待己，却严以待人。

用自己的标准来看待对方，就会令自己烦躁。

只要觉得“这个人怎么这样”，就会像巴普洛夫的狗一样，因为同样的事情立刻变得烦躁不已。在严重的时候，甚至仅仅看到对方就会想起洗碗那件事带来的烦躁感。

如果真遇到了令人难以忍耐的对象，那么情况另当别论。只要有“希望好好相处下去”这样一个原则，就会慢慢发现这点矛盾“其实也不是多值得在意的事情”。缓解对对方的否定，就是最重要的分歧点。虽然视而不见也可以渐渐习惯这样的情况，但是如果做不到的话，烦躁就会进一步加深。

每一个人觉得烦躁的原因都不尽相同，可能是因为被放鸽子，或是对方的态度不好……或许这些也和自己对对方抱有多少好感有关系。

对方重视什么，会因为什么而焦虑，了解了这些再去应对，就会使人际关系发展得更顺利。或许在了解自己性格的同时，知道自己也有做不到的地方，就能拥有谦虚的心态。这样，烦躁可以被击退，也可以得到预防。

不拘泥于小事

切忌“只见树木不见森林”

人容易烦躁，多是因为纠结某件事情，比如人际关系，或许在职场上有强势的上司、没用的同事、只想着自己出人头地的后辈……这种种原因让人心情烦躁。

虽然在职场上，工作才是最主要的，但是每个人又都带着不同的目标，有人想做到管理层，有人想学到东西后跳槽，也有人只要能领到薪水就好。牢牢地抓住自己的目标，认认真真地做好自己的工作就可以了。

让我们回到原点吧。这和是否有不喜欢的人没关系。但是，要尽量做到礼数周全，不要做一些会伤害他人或者给别人带去麻烦的事情。

在生活中，我们可能都有过因为一点小事而烦躁的时候，比如说，很久没有和朋友聚会，为此期待不已，却因为选错了店而烦躁；有个非常想看的电视剧却忘了录下来，为此一直耿耿于怀；因为朋友的某个价值观和自己不太一样，不小心脱口而出“我可不这么认为”，结果搞得气氛尴尬，等等。

抱着“今晚就好好聊一聊”的想法，不要太过在意细节。只要想着一起简单地开怀大笑、度过快乐的时光就好了。

在工作中也是如此，太过在意细节，就会看不清自己原本的目的，精力用不到点子上，经常会出现“只见树木不见森林”的情况。不论是工作上的小失败还是跟朋友的不同意见，只要能够考虑到为了达成目的所经历的过程，就会发现其实没有必要那么固执。

某位外国船长曾经这么说过：“所有问题都是小问题。”在船上，虽然随时随地都可能出现危及生命的问题，但绝大部分问题并不都是生死攸关的，即便是在危机之下，想一想“问题其实很小”，就会冷静下来，专心地解决问题了。

在人生更大的目标之下，活得大度一些，而问题就会出乎意料地微小。

过度苛求也会导致烦躁

宽以待己，大度待人

在日本，网上有过这样一个调查，“什么事情最会让你感到烦躁”。排在第三名的是“有人迟到”，第二名是“开会的时候电话响了”，荣登宝座的是“对方突然开始不用敬语”。日本人似乎非常容易因为一点小事就心烦意乱，既不是因为自己跟别人意见不合，也不是因为被人批评或是犯了错误。

大家都认为日本人是对时间和礼仪都非常严格的民族。某一种说法称，80 多年前，人们对遵守时间的要求还很宽容。听说明治初期，为了传播科学技术而远渡日本的荷兰人，对不守时的日本人的散漫感到束手无策。火车会迟到三十多分钟，工厂的工人们也觉得迟到是理所当然的。于是，大正时期，政府制定了“时间纪念日”，举国上下都在力求遵守时间。昭和初期，这一举措渗透到了每一个人的观念里。

前些日子，我和某位礼仪教师在一起时，他也表现出了对时间和礼仪上的散漫态度的零容忍。他因为餐馆服务员“太晚才来点菜”、商场服务员“不成体统”而感到烦躁，怒上心头，说：“再也不来这种地方了！”看到对方这样烦躁，我甚至都担心他会不会因此减寿。

对时间和礼仪的严格要求是日本人的优点，日本人在满足他人期待的可靠性和对他人的关怀等方面可能是独一无二的。我认识的大多数外国人对日本的评价都是“日本是个不错的国家”“很想住在这里”和“值得敬佩”，但是，日本人自身却一直怀有莫名其妙的烦躁感。

正因为社会状况非常严峻，所以要付出相当大的努力提高社会发展水平，要让经济增长和意识高度结合。而另一方面，一旦适得其反，人们便会盲目追赶其他人，影响人们获得幸福感和好心情。

那些被公认幸福感很高的国家，有的方面说好听点叫“豁达”，说得不好听点就是“随便”，我在当地也感受到了这一点。在那些国家，笑脸随处可见，人们对待他人也非常宽容，唯一的问题就是，他们会若无其事地说着“没什么大不了的”来应付困难。

这样看来，“幸福感”与“严格度”是成反比的。保持严格的一面也很重要，但是要注意到自己烦躁的极限，快要越过临界点时就放松下来，采取“算了吧”这样的态度，这一点也是非常重要的。要对自己宽容，对他人大度。

不为不必要的信息困扰

看清对自己真正重要的

我在这十几年里从来没有用过账本这种东西，因为记账会使人烦躁。

每天盯着账本，皱着眉琢磨着“怎么有两块钱对不上啊”，想着“这个月也没存下多少钱，车贷还要还一年啊”而叹气，或者琢磨着“啊！昨天又忘了记账，最近实在太忙了，三天没记了，一起记也太麻烦了”，在情绪上，记账带来了很大的负担，更何况，它还会占据时间和精力。

大家可能常听人说“反省每个月的收支，也会给之后带来影响，所以还是记账比较好”。我们活了几十年，花钱的方式早已印在了身体里。我觉得如果最近太浪费钱，就稍微节制一段时间，而储蓄也可以事先设置为自动划账的零存整取，剩余的钱就用来生活。不做过多的思考，每一次购物都选择“对自己有价值”的东西，在金钱的使用上采用不过于紧张也能让自己高兴的方式，这样做就可以了。不过，这也有一部分原因是怕麻烦。

要做的事情增加了，或是得知了不必要的信息，是人们感到烦躁的根源。

最近，出于工作需要，我购买了 iPad，还让朋友帮我下载了很多东西，但是用上的没有几个。不论别人再怎么推荐“这个很方便”，我也不会因此就想用它们，毕竟我用不上。我还收到了数量众多的邮件杂志和广告邮件，认认真真地读了之后才发现，“原来都这个时间了啊，那件事我还没做呢”，可是我真正想要的信息还没有看到，剩下的也没有读就直接扔掉或是取消了订阅。想集中精神工作的时候，就不能理会其他一切杂事，包括电话和邮件。

我们没有必要让自己配合在我们身边不断泛滥的信息。

一有新的减肥法出现，有的行动派就一定会去尝试，却非常遗憾地发现不怎么见效。因为他们并不懂得“为了得到效果，什么才是最重要的”。盲目听信别人的话，就是他们自己事倍功半的原因。

有时我们面对各种信息需要捂住耳朵，倾听自己心中真正渴求的东西，选择自己真正需要的东西……这样主动的态度，可以创造自己的生活方式。

对自己真正有用的东西，真正重要的东西，应该没有那么多。

认真做准备

—• 重视沙盘推演和危机管理 •—

有些时候，事情不能顺利进行、人会变得烦躁的原因之一，就是单纯的“准备不足”。

假设你要前往某个酒店的咖啡厅进行贸易谈判。你听说出了车站很快就到，结果却发现还有很远的路要走。可能是因为走错了某条路，你没有看到像是目标酒店的地方。这时，你想找个人问路，街上却没有人。可能这时候你急得快要哭出来了，这下肯定会迟到，你想给对方打电话时，却发现自己不知道对方的号码。后来，你终于找到了碰面的酒店，一个劲儿向一脸不悦的对方道歉，这时才注意到自己忘记带名片了。

出现这样的情况，毫无疑问是因为准备做得不够，而且也没有留出富余时间。

为了不出状况，就有必要针对顺利到达时的情况和到达前的步骤进行模拟，准备好需要的物品。但是只做到这一步还不够，到时还会有各种意外等着你。“如果出现了这样的问题，应该怎么办？”要尽可能多地设想一些危机，重在预防。

如果在这个阶段掉以轻心，就会陷入“怎么会变成这样”的窘境，从而使自己慌了手脚。

这可以说是人生中的一大课题，有的人会遇到要做的事情无法达成或不能持久，或是在半路遇到了困难等种种情况，原因就在于他们忽视了沙盘推演和危机管理。

听天由命，不做任何考虑就开始做事，结果总是抱怨着“唉，没能成功”“就是不可能顺利的啊”，一旦不停地遇到这类挫折，挫折就会变成习惯性的。

如果你有“这件事一定要顺利完成”的愿望，就要预先想到“事情可能会变成这样，为此应该……”，努力准备好万全的对策。如此一来，便不会轻易失败。

即便做了如此多的准备，还是会出现“怎么会变成这样”的情况，还是会有意想不到的问题等着你，这种时候就没办法了。带上“人生就是永远都不知道下一刻会发生什么”这样的态度，便可以渡过难关。

俗话说“世事难料”，你也许担心在前方等待你的是黑暗，但谁又知道那不会是光明呢？正所谓山穷水尽却又柳暗花明。

练出不易烦躁的状态

协调自身和周边环境

想要不过得烦躁，平日里就要创造舒适的环境。

首当其冲的，也是最基本的，就是保持身体健康。消极情绪就像疮包一样，最喜欢身心疲惫的土壤，层出不穷。疲惫或是睡眠不足的话，可能就会出现易怒的情况。对女性来说，易怒还与生理周期有关系。虽不一定因此变得神经质，但是有的人也会在生理期内情绪消沉，或是在生理期前变得暴躁易怒。

让我来帮助大家调整出一种可以让人心情变好、一觉醒来就觉得“今天可能会发生好事”的身体状况吧。

一件重要的事情就是整理好自己所处的环境。你是否有过因房间里或桌上的东西散乱不堪而心情烦躁，也无法得到放松的时候呢?

因为没有把环境整理好，就会遗忘东西，或者浪费很多时间在找东西上，心情烦躁的程度更上一层。然后，情绪越来越坏，堆放的物品上又堆了更多东西……这样就会变成恶性循环。

有人说“房间的状态就是心情的状态”，确实，房间就像心情的象征一样。出人意料的是，有很多女性把自己收拾得很漂亮，但是却不能把房间整理得一样漂亮。可以说她们的共同点是都有“习惯性拖延症”，生活经常混乱不堪，或是无法面对现实。其结果就是健忘、无法决定优先顺序，处于“做了好几件事，结果一件也没做好”的状态，这说明这些事情在头脑中也没有整理好。随后，她们在心情上也会变得急躁慌张，就算想前进也不知道该如何去做。

相对地，那些整理好桌子和房间的人过得从容不迫，他们专注做好每一件工作，不知不觉间就养成了马上就去做的习惯。这是因为，他们可以处理好“现在这一时刻应该做什么好”的问题。

为了让自己也能做到这一点，先培养整理这个习惯吧。先从痛快地扔掉不需要的物品开始做起，至少可以扔掉身边一半以上的东西。如果眼见之处都很整洁，那么情绪也可以整理得很好，毫无疑问，烦躁的频率就会大幅下降。

不受他人的烦躁情绪影响

——精神上不为所动——

公司内有时会弥漫着一触即发、令人烦躁的痛苦气氛。

没错，自己心情烦躁是因为某个人在。特别是在人很少的办公室里，再给烦躁加上立场上的压力，简直令人难以忍耐。就好像流感病毒传播开来一样，烦躁的细菌也传播开了。不知不觉间，其他人也都进入了“怎么搞的”这样烦躁的状态。

这样的光景不仅会出现在公司里，有时还会出现在家庭中。尽管想把气氛变得愉快一些，但是又缺乏可以让大家大笑的强烈刺激，想改变气氛实在太难了。

这种时候，只能努力不让自己受到影响。

心地善良、体贴的人，在担心“这样没问题吗”的时候就会被他人的烦躁情绪影响，因此要特别注意。具体来讲，就是要埋头于工作或者其他事情中，坚持在精神上不为所动，哪怕把外界情况当作正在你身边上演的一出奇怪的电视剧，也可以把它当作笑话。不必太担心，你不久后就会培养出免疫力，不再被这些事影响。

接下来，像是为了让紧绷的气氛缓和一点儿，可以说一些体贴的话给对方听。正是在这种环境下，人们才更需要滋润。自己保持好一种平稳的心态，也是一种不被他人恶劣情绪影响的对策。

而难点在于烦躁的箭头指向自己的时候。即便在这种情况下，也不必在意，大家心烦意乱的矛头指向我并不是我的错。被人迁怒、被人指责的时候，回答“哦，是吗”，随后便置若罔闻，不要去回应对方，这才是避免情绪受到影响的最好的方法。

如果对此一一反驳，说“不是那样的”“我可没有这么想”，是很幼稚的行为。偶尔有人会认为“不反驳，对方就不会停止”，从而鲁莽应战，不过还是等自己冷静下来更好。有时，你会感慨“还好没有反驳”。如果无论如何都想说些什么，就等双方都冷静下来后再去说。不过，大部分事情都是无所谓的，去反驳也只会让自己疲惫。

在双方持有不同意见的时候，也只要认同“对方和有我不同的考虑”就可以了，不要让自己卷进情绪的洪流里，没有必要证明自己才是对的。或许这很令人遗憾，但是自己的心情只要自己懂就够了。

整理烦躁

分开考虑"可以解决"与"无法解决"的事项

内心滋生烦躁情绪时该怎么办呢？可以试试下面这些方法。

正确整理烦躁情绪的方法

一、转换心情，斩断烦躁

喝喝茶、聊聊天、活动活动身体、读读书……通过改变行为和场所来转换心情。准备好两三个方案就可以。经过锻炼后，过不了多久，你就可以做到有意识地转换心情了。

二、思考烦躁的根源

这里和前面提到的"正确整理愤怒情绪的方法"一样，就像在和自己对话，问问自己"为什么会这么烦躁"，要察觉埋在自己心底的声音。可能你以为烦躁是因为工作做不完，但其实可能是因为"男朋友没有来电话""在跳槽的事情上很为难"

等其他真正的原因。

三、分开考虑“可以解决”和“无法解决”的事项

如果是可以解决的情况，就积极地考虑如何应对；如果是无法解决的情况，就要快刀斩乱麻。所谓“快刀斩乱麻”，就是指勇敢地接受它，然后继续积极地前进。即便在可以解决的范围里，也有无法马上处理好的问题，此时，暂且放置它是最明智的做法，这之后也可能会有更好的展开。你前进的时候，烦躁情绪会在一定程度上得到缓解。

四、以上方法都无效的话，就要大规模地消除压力

做一些可以让自己专心或是高兴的事，心情就会变好。可以向信任的人倾诉，也可以通过一个人痛快地大哭一场、发泄一次来排遣情绪。催泪电影或者感人的书和音乐也可以帮助我们。剩下的就等时间来帮我们解决吧。

注意

应对烦躁情绪，最重要的就是要早发现、早整理。为此，要多在“以美好的心情过一天”上下功夫。趁着烦躁还很微弱的时候就要将其整理好，争取转换好心情。如果情况变得很严重，恢复的时间也会变长。

切记不可以把气撒在别人或者物品身上。如果物品损坏，会让你更加自我厌恶，但如果是不会坏的东西就可以。如果有个自己怎样都无法原谅的人，也可以把枕头之类当作对方揍一顿，这个方法会比你想象中更好用。

第4章

不被孤独和悲伤击垮的理由

孤独从何而来

“想和他人有所联系却又无法联系”的分离焦虑

只要是人，不论是谁，多多少少都会感觉到孤独，产生“没有人理解我”“没有人需要我”“没有人帮助我”“没有人爱我”等郁闷的感觉。这种感觉，有人是在幼年和青年时期体会到的，有人是在公司、家里以及和邻居的来往中体会到的，也有人是在做领导时体会到的。

那么，孤独感到底是从何而来的呢？

人原本就是无法独自生活的社会性动物。有人认为，人在孤独的状态下会感觉到危机，感受到强烈的不安。这种孤独并不是指物理上的“独自一人”，而是情绪上的一种感受。

孤独其实是一种自己“想和周围人产生联系却又联系不上”的时候感受到的“分离焦虑”。如果世界上原本就只有自己一个人，也就不会感到孤独了，正因为还存在自己之外的其他人，人们才会感到孤独。

孩子也时常因为母亲要离开而哭闹。本来就与母亲有着联系的婴儿，一旦认识到母亲的存在，在母亲离开后便会感受到变成一个人的不安。极端情绪化的孩子可能会在刚去幼儿园的时候激烈地反抗，哭叫不已，这是因为对新环境的恐惧激起了无意识的孤独感：“好可怕，妈妈不在我就活不下去了。没有人爱我了，一点都不好玩。”

不过，在习惯了幼儿园后，一旦找到了幼儿园生活的乐趣，孩子也就不怎么哭闹了。于是，孩子不再依赖母亲，还会甜甜地笑着与母亲再见，自己主动进入一个快乐的世界。

而大人也有着和孩子相似的地方。前提是“和别人有联系”，因此在无法和他人联系上的时候，人们便会感到孤独。“我自己一个人生活也可以。这个世界也不错，大家都很热情，很快就会交到朋友了吧。”不过，如果能够相信自己、相信社会，就不会感受到强烈的孤独，因为在自己想要依赖别人的时候，孤独感才会袭来。

感到孤独后的反应

独自克服，或选择依赖

人一旦感觉到孤独，便会觉得痛苦、不安，或许会觉得受到了冷落，好像独自徘徊在空无一人的森林里一样。

不过，人们还具备想办法摆脱艰难困境的能力。这是一个机能健全的人所具备的正面孤独并克服它的能力。

因为“想和他人有所联系”，人们主动寻找着他人，希望得到他们的理解。为了让他人能够接受自己，人们会去学习处理人际关系。此外，也有人在孤独中直面自己，希望由此得到些什么，这样一来就能明白他人的痛苦，信任自己，感受到和他人在一起的快乐……经过这样的学习，人们才能增加自己的深度，才会有所成长。

然而，那些只是想“排遣寂寞”“不想一个人”、带着逃避心态的人，总是无法克服孤独。即便孤独一时得以消除，他们也无法和人相互理解，总会有距离感。一旦变成这样的状态，他们便会再次陷入孤独之中。

对这样的人，很遗憾，孤独的困苦会一直围绕着他们。他们通过收发一些无意义的短信来建立和他人的联系，只是想给人际关系加个形式，总而言之，就是不让自己在形式上成为孤独的一个人。但是即便如此，“总觉得很寂寞”的感觉却挥之不去，因为他们并没有在心灵上也和别人相连。

更加极端的是排遣孤独的动机被彻底扭曲的时候，比如，原本希望“增加和别人的联系”，但是不善交际、不易信任他人的人会觉得“算了，我也不想和别人有任何联系”“反正我就是个孤僻的人”而敷衍起来，不再关心人际关系，寻求其他强烈的刺激来逃避，以此来排解自己拙于应付的情绪，借此取得快感。只顾着让自己开心的购物狂、赌徒、纠缠男友的恋爱狂、通过工作寻求自我价值的工作狂等等都是这种情况的例子。但不管将精神寄托在哪方面，这些人在情绪和情感上都无法得到满足，这些依赖甚至会慢慢加深，不断地恶性循环。

因此，要接受孤独。只要缺乏靠自己的力量努力改善的信心，孤独感就会持续下去，人们就会倾向于寻求自己可以依赖的东西。

感到孤独的原因

—• 我们都在靠他人的评价而活 •—

不论是谁，都拥有会感受到孤独的基因，会在突然之间感受到孤独，而这其中也有人特别害怕孤独，“不想自己一个人生活”“不能和他人没有联系”。

这类人就像患了“孤独恐惧症”一样，恐惧独处，不断寻求和他人的联系，好像不和别人在一起就无法生活一样。如果一个人说“休息日里，只要和恋人或朋友在一起就会特别兴奋，要是一个人在家就不知道干什么好，做什么事没有精神，总在发呆”，就要对他（她）多加注意了。

那么，为什么身边没有人陪伴就会感到如此孤独呢？因为我们要靠他人的评价生活。人们总会想“别人会怎么觉得”“别人会认可我吗”，把他人给自己的评价当作生存的价值，并以此为标准来行动，一旦如此，便不能享受“一个人”的状态了。

这有可能是因为人们在幼年时期受到父母的全面保护，而父母一旦突然放手，人们便会因为“如果不能满足别人的要求就得不到爱”而努力。

虽说具体情况因人而异，但即便是在十多岁、二十多岁时害怕独处的人也会随着年龄的增长逐渐变得能够享受独居生活。即便不是为了给别人吃，他们也会为了自己经营起家庭菜园，或是专心发展自己的兴趣，或是独自享受旅行的乐趣。这些是因为哪怕没有他人的评价，他们也获得了可以自我完善的能力，能够认可和取悦自己。

这其中有的人离了婚，却“不想再结婚，不想再过操心别人的生活，要按照自己的节奏生活”。这或许是因为他们已经疲于把别人的目光当作标准来行动，而更想遵照自己的欲望，一个人自由自在地生活吧。

的确，如果一个人也能快乐地生活，人生将会轻松快乐好几倍。

依赖他人的人，会压抑自己的欲望，或是把自己的想法强加于人；一旦身边没有了人，就无法决定自己的行动，因此会使自己和对方都十分疲惫。而拥有“喜欢和别人相处，但是一个人也 OK”这种精神独立的人，就可以构筑起和对方平等的关系，也能体谅对方。这样的人，于对方来讲也不会有负担，两个人都会感到心情很舒畅。

享受独来独往的乐趣

拒绝他人盖章的孤独

前几天，一位年轻的朋友这样说：“我在意大利餐馆之类的地方会看到一个人来吃意面、喝红酒的女人，我就觉得不管年纪多大，我都不能变成那个样子啊。”

她甚至还说：“我觉得自己送给自己生日礼物也太可怜了。过生日都得不到礼物，还要一个人过，这要是我绝对会寂寞死。”原来在她眼里，独自吃饭、送给自己礼物这类行为都是那么“寂寞”。

我从她对孤独的看法中体会到她的两种态度。

第一，一个人是否孤独，是可以通过用眼睛看来确认的。或许在她眼里，周围人对自己的爱意也是可以用某种形式来测量的，比如，对男友或者普通朋友，可以通过对方回复短信的快慢、是否赠送礼物或一起过圣诞节等形式来衡量亲密度。她通过形式上的联系，感觉到自己“一点都不寂寞”，从而放下心来。而她对彼此之间更深层次的理解，像精神上的联系等方面，就没有那么重视了。

然而，真正重要的不在表面，而在那些眼睛看不到的地方。

第二，她对独处有着极端的羞耻感。如“午饭同伴症候群”这个名字一样，没被别人邀请一起吃午饭而一个人坐在桌前吃饭，对她而言应该是无法忍受的事情。不论在外就餐要多花多少钱，不管同伴的话题有多聊不来，仿佛在说着“死都不要一个人”而选择和其他人凑在一起的女性们有这样一种逻辑：一个人→没人陪在身边→没有价值的女人→莫大的耻辱。她们似乎不是对“寂寞”，而是对“不想让人觉得自己很寂寞”心存畏惧。让她们如此在意的外界目光，也就成了她们评价自己的标准。

其实别人并没有像你想的那样在意你是不是一个人，坦然独处的女人反而更酷。

然而，最近也经常能见到年轻女性独自用餐了。一个人也能随意光顾的咖啡店或餐厅也在增加，这也说明了这种需求是实际存在的。偶尔也能听到女性“在不必在意他人眼光的地方，独自一人也可以”的心声。

判断一个人是否孤独，靠的是“形式”和“他人的目光”吗？如果能从这执念中解脱出来，是不是就可以在精神上独立了呢？

两个人的孤独更可怕

让孤独变本加厉的两性关系

没有伴侣与有伴侣的孤独，本质上是不一样的。而且我觉得两个人的孤独更令人痛苦。

两个人恩爱的时候幸福满满，也就不会有孤独的问题。问题在于两个人不能和睦相处时的孤独。

对没有男友的女性来说，孤独是“一个人好寂寞，想和别人产生联系”，这是社会意义上的孤独感。可以和其他单身的同胞们结伴，或是埋头于自己喜爱的事物中快乐地度日，自己一个人也可以排解孤独。然而，对有了男友或丈夫却还感到孤独的女性而言，孤独就是“无法心意相通”，是因为无法和特定的对象心心相印而产生的。

如果觉得自己本来就是一个人，也就没有那么难过了，但有了“两个人”的前提，寂寞会越发明显。任何人都会无意识地抱有“恋人（夫妇）之间就应该情投意合、互相关爱”这样的理想，因此在期待未被满足时，就会有“为什么不能理解我”“不能再多爱我一点吗”的想法，为此而责怪对方、试探对方的爱意，做了各种各样的事情却徒劳无功，面对这些不如意的事情时，烦躁会变得更加严重。

尽管对方就在自己眼前，只要无法心意相通，孤独感就会一直挥之不去。相反，即便对方不在自己眼前，即便不怎么常联络，只要心心相印，就不会感到孤独。

我有位朋友想去国外读博士课程，便带着年幼的孩子一起去留学。在她留学期间，丈夫就在国内一个人工作、生活。当时，周围的人都为这对相距千里的夫妇担心不已，问他们“你们这样行吗”，但是当事人却泰然表示“小别胜新婚，不时相聚一下也挺好的”。现在这位朋友留学归来，五六年过去了，夫妇俩现在也是恩爱得羡煞旁人。夫妇恩爱的秘诀就是相互信赖，经常沟通，并拥有各自的道路。

为了不让自己感到孤独，或许最重要的就是自己主动努力去理解对方，并不要对对方抱有过度的期待和依赖，确保各自都有可以自由生活的世界，保持内心的平衡。

自我牺牲的爱和占有欲强烈的爱

牺牲了一切却得不到幸福

我的朋友T小姐，在恋爱时总是会向男友奉献出自己的一切，到头来却还是被甩了。T小姐感叹："为什么会变成这样呢？"虽然这和她每次选择的对象人品都很差有关，但她似乎也隐约注意到了自己的问题。

没错，虽说那些男人不怎么样，但是T小姐自己也有责任，因为她总在极力勉强自己。男友没说好要来，但T小姐却总抱着一丝希望，做好了饭菜等他，为了配合男友而取消了自己非常重要的安排，穿衣打扮也迎合对方的兴趣，总之一切都以男友为中心。

这一切努力看起来都好像是为了对方而牺牲自己，但实际上，这些都是从"不想被男朋友讨厌""不想被甩"这样的心情中产生的。归根结底，这是因为害怕被甩后孤独一人，即从对孤独的恐惧感出发而保护自己的行为。

在周围人看来，这些女性对男方的性格和人品往往不认可，但是为了填补自己的孤独感而勉强和男方在一起；而男性即便在刚开始时觉得女友很可爱，渐渐地也会感到厌烦。如果男友对自己不够好，女性就会觉得“我为你付出了这么多，甚至牺牲了自己”，感到心痛不已，男性也会因此烦躁。在经历过几次争吵之后，男性会离开，最后大多会变成女性单方面哀叹“我付出了那么多”的结果。

还有一种与此相反的类型，是女性控制男性，也有占有欲异常强的模式。她们经常要通过短信联络男友，不允许男友参加有女性参加的聚会，随意查看对方的手机，对于自己不认可的行为刨根问底。这会让男性感到喘不过气，于是男性会丢下一句“你够了吧”，从女性身边逃开。这样的女性心底有的仍然是对孤独的恐惧。

牺牲型的女友也好，占有型的女友也罢，相同点都是依赖对方，“不想自己一个人”，因此对恋爱的执着远远超过了必要的程度，这两种类型的区别只在于拴住对方的手段而已。

为什么会这么执着？思考一下就会发现，是因为无法信任对方，也无法相信自己。于是，如果一直认为自己没问题，就会强迫对方，也强迫自己。

从自己为中心的恋爱中毕业吧，不要勉强自己。一旦完整地接受了自己和对方，恋爱一定会变得更加美好。

人本孤独

他人正是因为无法彻底理解才有趣

为了增进与他人的联系，去理解对方是非常重要的，但另一方面，不可能彻底理解他人的情况也时有发生。同样，这意味着你也不可能让别人彻底理解自己。

在公司里被孤立时，和好友意见相左时，恋人做出了与自己期待相悖的行动时，父母不认可自己时……在这些时候，你会感到非常孤独，想着“怎么就不能理解我呢”，于是怀着“和他们说明白就会得到理解”“他们应该可以理解”的信念，为了让自己与他人想法一致而勉强自己。要是最后真达成了一致倒还好，如果你和他人的想法一直不可调和，等待你的就是更深一层的孤独。

如果想着“对方也应该和我想的一样吧”，那就大错特错了。自己和对方是不同的两个人，思考方式当然不一样。我们各自继承了不同的DNA，性格、成长环境、接受教育的程度、各自的经历、遇见的人也都不一样，在这样的条件下，会产生不同的思考方式和无法互相理解的情况,实在是再自然不过了。

要把对方当作和自己完全不同的“独特个体”来尊重。这样,即便有无法理解或赞同的事情,也能接受其中绝大部分情况。如果想着“人与人之间应该能互相理解”,就会在无法相互理解时感到孤独。但如果相信“人与人之间也有无法相互理解的事情”,就会因为相互理解而感到开心。

想着“就是因无法彻底理解他人才有趣”“虽不能全部理解,但还是希望能理解一些”,以这种态度接触别人,双方之间的距离也可以拉近一些。

人本来就是孤独的。在这个世界上,人从出生开始到咽下最后一口气为止,都各自走在各自的人生轨迹中。我们会与家人、朋友、恋人、同事等等很多人走得很近,却绝非走在同一条轨迹上。

此外,要想遵从自己的想法从容地生活,就一定会产生冲突和摩擦。

遇到这样的情况,就要接受孤独,淡然地承认“人各不同”“无法理解的事情本就存在”。我想,承认这些不同,就是不会在一个人时感到孤独的智慧。

孤独的创造力

—• 不要逃避，积极地利用它吧 •—

所有的情绪都带有含义，那么，孤独是不是为了告诉我们人类无法独自生存，需要去依赖他人而存在的呢？

此外，孤独也是一次直面自己的机会，它给了我们自由的机会。我们可以在孤独中发现自己的道路，追求可能性，也可以倾听自己的心声，深思熟虑后做决断，孤独的时间支撑着我们。经常有人通过升学或者留学等方式进入一个未知的世界，一边和寂寞奋战，一边茁壮成长。

优秀的文艺创作都诞生自孤独的深渊中。如果选择了迎合他人，就无法彻底探究自己的世界了。我们在决心接受孤独这件事的同时，也就得到了自由这件无价之宝。

有的时候，我会特意踏上一个人的旅途。虽然也是因为想有独自思考的时间，但最主要的原因是独自旅行不用顾虑别人，可以自由自在。

有时，我可以停下来拍拍照片，去只有当地人会去的饭馆，因为让人陪我去有些过意不去。我会看心情去要去的地方，吃想吃的美食。自己一个人旅行，才能积极地和当地人接触，可以仔细地观察街景和自然风光，因此拍下的照片远比和大家一起旅游时拍得好。独自旅行的时候，我会特别想亲近当地人，这也算是一个人旅行的好处了。

只不过一个人做旅行计划和准备有点儿麻烦，为了不在旅途中遇到危险，要在各方面多加注意。一个人自由地游玩时，不管遇到什么事情都不能怪别人。“孤独”“自由”与“责任”就是相辅相成的。只想自由，不想体会孤独和承担责任是不可能的。接受的孤独和责任之多寡，取决于你自由的程度。

感到孤独的时候，就当自己在独自旅行，好好试着享受生活吧。孤独就是一种如果你逃避它或者手足无措地面对它，它就会追着你跑的情绪。认真地面对孤独，积极地利用它，会有意想不到的发展。孤独也是一种崇高的情绪。通过不同的方式思考，孤独带来的含义也会完全不同。

整理孤独

—• 为自己而活 •—

孤独也分很多种，有“就是觉得很孤独”“异地恋的孤独感”“独自生活的孤独感”和“职场上没有人理解我的孤独感”，等等。与其依靠其他事物，或者等待好事发生，不如掌握一些可以靠自己的力量解决的方法。感到寂寞的时候，试试以下几个方法吧。

正确整理孤独情绪的方法

一、先做个应急整理

因为寂寞就是和人接触较少的状态，所以，可以轻松地和家人或久疏问候的朋友联系一下,问问他们“最近过得怎么样”。有种意见认为，人在寂寞的时候不光心灵，连身体也会感到寒冷，因此可以好好地泡个温暖的澡。此外，与动物接触也十分有效，也可以选择抱着枕头或者毛绒玩具。但需要注意的是，靠暴饮暴食或者喝酒来排解寂寞会使自己陷入自我厌恶之中，切记不要这么做。

二、和身边的人说说话

试着和平时不怎么聊天的同事、出租车司机、发型师等人无所顾忌地聊聊天，心情会舒畅很多，可能还会发展出乎意料的友谊。

三、接触大自然

不上街，也不去人多的地方，而是去有山有海、看得到广阔景色的地方。一个人在大自然中呼吸，心情也会感到非常舒畅。也可以选择栽培植物，看着它们成长。

四、问问自己“我真的很孤独吗”

其实，孤独是自己认为自己拥有的感受。可以看看相册或者贺年卡，感受自己和他人之间的联系，或是去扫墓或寺庙上香。由此应该可以确认，因为得到了众多人的支持，才会有现在的自己。

五、做些一个人时才能做的事情

学点东西，挑战资格考试，专注发展自己的兴趣，制定今后的计划，等等。如果你有一个“看遍英语 DVD”的计划，也就没有时间去浪费了吧。

六、为了自己用心过生活

孤独的人大多会以“要得到他人的认可”为行动准则。为了自己打扫和装饰房间，或是做一顿好吃的饭、去公园散步等等，过精致的日常生活，多做一些让自己高兴的事情吧。不管自己身边有没有其他人，如果能享受一个人的生活，剩下的就没有问题了。

每一个人都会悲伤

拒绝因此自我厌恶

和孤独的情绪一样，不论是谁，不论去哪里，悲伤都会缠着我们每一个人。如果有人说“我完全不会悲伤，一直都特别幸福”，这要么是在自欺欺人，要么可能是无法坦然感受悲伤。悲伤的时候会感到悲伤的才是人类，这和自己的思考方式无关，灾难、事故、疾病、亲朋不幸等各种引起悲伤的事件总会在生活中发生。

那么，我们应当如何面对它呢？让我们来按顺序思考吧。

首先，在悲伤来临之后，我们内心会出现“无法接受事实”这样一种受到打击的状态，让我们无法接受的，就是“不合理的现实”。每一个人都生活在“认为自己是正确的”这样一个世界中，因此会想否定现实。头脑中想着“必须接受现实”，情绪却会说“我不要这样”，一想到这件事就会立刻掉眼泪，有气无力地处于一种无法控制情绪的状态下（悲伤特别强烈时会到这个阶段）。

随后，当情绪稳定下来，准备接受这“不合理的现实”时，人们就会下意识开始努力，肯定现实，反省“自己是正确的”这个前提。然后，悲伤就会得到治愈。这就是人类心理机能健全时整理悲伤情绪的方法。

但是，如果一直无法接受“没道理的现实”，就会从无法整理的情绪中衍生出其他情绪。如果把矛头指向造成悲伤的原因，人们就会变得充满愤怒和怨恨。通过把别人当作恶人、自己成为受害者来保持情绪的平衡。这样一来，人们就难以从执念中逃脱。相反，如果把矛头指向自己，就会变得自我厌恶和后悔，从而否定自己、被动接受现实，更深的痛苦也在等待着自己。

因此，让我们健康地整理悲伤情绪吧。

世间有一种“一生都不能接受”也无法从情绪上认可的悲伤。这种悲伤，不论走到哪里都只能背负下去。但是，绝大部分的悲伤痛楚迟早都会得到治愈。总有一天，人们可以从降临在自己身上的不幸中挣脱出来，得到解脱。

而让这些成为可能的是人情和时间，还有我们自己的思考方式。

悲伤背后更多的是喜悦

失去时才懂得什么最重要

每一个人在人生中都会经历各种各样的悲伤，从损坏了自己最宝贵的东西到丢失钱包、头悬梁锥刺股却名落孙山、无法参加期待已久的旅行、遭遇交通事故、患病、失业、失恋，甚至到和爱人的死别。

悲伤的情绪说到底就是遭遇丧失“最宝贵的东西”的感觉。“最宝贵的东西”的价值有多大，悲伤就有多深，比如，自己最喜欢的狗死的时候，真的会非常伤心。而邻居家的狗死时，虽然也会感慨“多么亲人的狗啊”而感到伤心，却不会如此无法忘怀。如果是自己养了十几年、一直陪伴着自己的狗，在一段时间内就会无法忘记，恍惚间想起狗朝自己跑来的样子，眼眶就会湿润，就会强烈地感到失落：“原来它已经不在了啊。”

狗的生命都一样，但人们就是会对自家的狗更执着，因为它对自己是有价值的，而对邻居来说他们家的狗也是一样。不过，它如此重要，就说明在悲伤来临之前，我曾经从它身上获得了喜悦，感到了感激，可以说它曾带给我快乐。或许它带来的恩惠远远超过了悲伤。在悲伤的背面，更多的是喜悦。

每一个人执着和认为有价值的东西都不尽相同。如果有人把钱看得比什么都重要，就会有人珍惜家、健康、时间、恋爱、人际关系、名誉、兴趣等任何东西。有人觉得降职有伤自尊，会很绝望，情绪非常低落，但也有人对职位不怎么在意，只在意薪水，要是降了薪，他说不定会悲伤怨叹。

我们经常听到有人说“失去了才知道什么重要”“生病了才懂得健康有多宝贵”。我感觉，越是像空气一样理所当然存在的东西，在失去的时候越会给人更大的打击。

没有人在没出现任何问题的时候就想象着失去时的情况生活，但我们一定会有要和重要之物告别的时候。悲伤也是告诉我们最宝贵的东西的价值、给予我们感恩机会的情绪。

悲喜交织，苦乐相伴

—• 雨后才有彩虹 •—

现在，或许有人正处于悲伤的深渊中，没有任何力气去做事情，不论做什么都非常消沉。但是，唯一可以确定的是，这样的情况不可能一直持续下去，因为这世上并不存在"永远"这种东西。

就算是体会着"真想死了算了"这种强烈悲伤的人，在经过一段时间之后也会慢慢冷静，心情也会逐渐改变。有的人可能在几个月内，情绪和状态都彻底地变了一个样。

这些虽是我的经验之谈，但我想，人是不是也会对悲伤这件事感到腻烦呢？持续 3 天、每天 24 小时不间断地悲伤基本是不可能的事情。悲伤久了就会感到很累，就会开始想其他事了。再怎么觉得自己吃不下饭，过段时间也会感到肚子饿了，看到镜子里那双哭肿的双眼，感觉自己"一副惨样"，但工作上被人夸赞，又感觉有点高兴。这样的事情出现的频率逐渐增加，你自然而然就会感觉到情绪像弹簧一样，想要回复到轻松的地方。

悲伤的情绪也存在自愈的可能。在前面一节里我写道，在悲伤来临之前存在的是喜悦，这话反过来说也是成立的。悲伤过后，喜悦也一定会到来。悲伤的情绪会一点一点自愈，我们也会发现人生的宝贵之处。

可以说，正因为我们懂得悲伤的分量，才能感受到喜悦那一瞬间的珍贵，变得可以和他人相互支持，也懂得了别人的心情。而悲伤也就滋养了人生。

于是我们就在“悲”与“喜”的不断往复中保持平衡生活着，“苦”与“乐”也是如此。工作中，我们再辛苦也能努力下去，是因为感受到了成就感与成长；休息日之所以珍贵，正是因为我们能感受到快乐，如果每一天都是休息日，快乐的感觉就会麻木，我们也就不会感到那么快乐了。

消极与积极面各有意义，就像自然规律一样在不断变化。正因为有着“悲”与“苦”，人生才有滋有味。

不下雨就不会有彩虹，而再大的风雨也会有停止的那一天。

让辛苦变甜的方法

—• 有了目标，辛苦也会有所回报 •—

应该不会有什么人觉得自己最喜欢吃苦。有句话说“年轻时吃的苦千金难换”，但是也没有人会想吃苦，人们都想尽量走在轻松的道路上，不希望遇到工作、人际关系、恋爱与婚后生活和金钱方面的苦恼。

的确，社会上也有人“因为不喜欢努力，所以没怎么吃过苦地活到了现在”，这有点儿出人意料，看起来他们好像还挺幸福。看着这样的人，可能有的人会想“为什么总是只有我吃苦”“是因为我天生劳碌命吗”。

其实大家都是一样的，不存在什么“只有我在吃苦”的事情。不论是谁，都在别人看不到的地方吃着苦。而且，比起只做些轻松简单的事情，还是做稍微难和辛苦一点儿的事更有趣也更有意义，自己也能因此成长。

只是，即便做着同一件事，人们对辛苦的标准可能也有很大差异。在此，我们来整理一下和“苦”有关的情绪吧。

那些不拿辛苦当回事的人的特点就是可以积极地享受那种状态，主动投身其中。比如说，他们都在忙着工作和照顾孩子，即便如此，这样的生活也充实有趣。积极地感受它们，辛苦就会减轻，变成快乐。工作、育儿两不误的生活也是有好处的。

不善于整理情绪的人，就会因为想要逃避，让“苦”变得更苦，“不得已而为之”的感觉只会带来痛苦。

此外，不拿辛苦当回事的人还有一个特点，那就是清楚吃苦的目的，并时刻谨记在心。因为钱受苦的人，目标是“把钱还清后过宽裕的生活”；辛劳地照顾父母的人，则是“多尽孝，为家人的幸福做贡献”。有了目标，辛苦就会有回报。为了得到自己真正想要的东西，就要做好不论有多少苦和劳都会高兴地接受它们的觉悟。付出辛劳却看不到目标的人，就会觉得“为什么我要受这么多苦”。

“苦”是一种因为想法不同，既可以使人积极，又可以使人消极的情绪。

与压力为友

超越自己的必要动力

工作上的辛苦加之上司的责骂“你怎么连这个都做不好”，还有那些必须达到的业绩，压力一旦增加，我们就会变得更辛苦了。肩负着重要的工作或职务的人常常会感到疲惫，压力很不好对付，会让我们痛苦。

我也是如此。虽然很痛苦，但是我很感谢这些压力，因为如果没有压力，我就不会像现在这样努力工作。这些压力，也可以说是别人对自己的期待。期待我们的人，就是相信我们价值的人，是非常值得我们感谢的人。我想尽可能地满足这些期待。

接受一项重大任务时，在答应的一瞬间可能会感到退缩，但如果想着“试试看，说不定能行”，遇到困难的时候请求别人帮助，也就可以慢慢完成任务，下一次就会接到更重要的任务，想办法完成第二项任务后还会被托付更重要的任务……就这样，压力会延续下去，但是你会发现“这样的事情我也可以搞定了”“自己竟然这么能干”，原来在不知不觉间，自己已经达到了这样的境界。

为了超越自己的极限，我们需要压力。压力不是敌人，反而像重要的朋友一样，它是和工作的价值等比的。如果是一份没有任何压力的工作，其价值也就只有那么一点：轻轻松松就能得到评价，工作有趣，薪水也不错……这样的工作是不会存在的。如果能摆脱压力，虽然会落得轻松，但是会从此一直做工作意义、评价和薪水都很低的工作。

如果因为想在没有压力的世界中生活而辞职，接下来等着你的就是地位或经济等方面的压力。只要活着，就一定会遇到某种压力，那么就试着接受压力吧。不要逞强，总想着“不能输给压力”“一定要克服压力”，就当是给自己一个轻松的挑战，“那就把自己能做到的都做好”。再怎么思考也没有用，决定了要做什么之后，只要前进就好。

有时候，我们自己感受到的压力，在别人看来却不算什么。到最后，制造出压力的是我们自己。

悲伤之中的感恩之心

希望与感谢，改变心的向量

人沉浸在悲伤中的时候，会感到从此以后再也没有活下去的希望，会陷入失去一切的感觉里。但是，我们应该可以找到支撑我们活下去的新目标。是的，靠我们自己的力量找到。

闻名世界的钢琴家 T 先生在演奏会上弹完最后一首曲目后突发脑溢血，导致右边身体半身不遂。T 先生非常努力地复健，但是右手依旧不能动。他感到“钢琴家生涯就此结束”，绝望不已。两年间，T 先生没有心思做任何事。

改变 T 先生命运的是留学归来的儿子默默摆放的乐谱。这是一位英国作曲家专门为因为战争失去右臂的钢琴家朋友创作的用左手演奏的曲子。T 先生开始弹奏，他明白了，只要还有左手能用来表现音乐，就没有任何不便。于是他开始专心研究，找到了只有左手才能表现的独特手法。于是，T 先生现在的演奏有着更甚从前的技术与深度，俘获了听众们的心。

即便是失去了一些东西，我们也一定能发现“可我不是还有它吗”这样的希望。它并不是别人赋予我们的，是最终我们自己寻求并创造出来的。

把精力放在“已经失去的东西”上，沉浸在伤感中，是无法继续生活下去的。悲伤袭来后，我们会陷入绝望的沼泽，但人是十分坚强的，想要生活继续的心情就在我们心底，自然而然地，我们会把目光转向“自己拥有的东西”和“自己能够创造出来的东西”上。

感恩之心也会为我们治愈悲伤。它并不特别，日常生活中潜藏着许多值得我们感恩的东西：“感谢上天，我想吃什么就能吃什么”“感谢上天，我还有工作”“感谢我还有朋友们”……

“感谢”意味着“感谢来之不易的东西”。没有比悲伤的时候依然存在着的东西更能让我们感到难得了。

在悲伤之中，冷静地把目光投向自己拥有的东西，就会发现希望和感恩之心。能获得继续生活的力量的人，就是擅长面对悲伤的人。

我们在失去某些东西的同时，一定也会得到某些东西。

有他人的帮助，才能跨越悲伤

—• 爱让心变得强韧 •—

我曾在电视上看到东日本大地震后的情况，避难所里的受灾群众说："受灾的不止我们自己。"即便令人难以置信的悲伤袭来，也要"和周围的人一起共渡难关"，这样的心情想必一定能让我们的内心变得坚强。

而孩子们的坚强有着冲击人心的独特力量。某个占地不大的中学成为避难所后，那里的学生们积极地帮忙分发食物和棉被，为了鼓舞受灾群众，他们在教室里画了非常大的贴纸，纸上写着"感谢自己还活着"。

看到这些，有几位老人哭着说："有的学生也失去了家人，也非常难过。可是看到他们写的话，我感到很开心。"

地震后，作为志愿者前往灾区的朋友告诉了我当时的情形。"孩子们都很坚强。一个在寻找失踪的父亲和兄弟姐妹的孩子说'不论是谁，我都想帮他'，拼命地一台一台帮着寻找遭遇海啸的汽车。还有一个失去父亲的男孩眼神坚定地说：'没了父亲，今后我就连他的份一起努力下去。’只是因为有人需要自己，被他人爱着，这种推动生命延续的力量如此伟大。”

人在感到“为什么是我”“你们都不懂我的感受”这种孤独的时候，哪怕有人对他说“我们往好的地方想想吧”，悲伤的人是无法变得积极的，此时给予他（她）温柔和温暖，就会产生前进的力量。

“与他人分担悲伤”的想法会带来力量，而“还有人需要我”“我也能做些事情”这些自己主动给予他人的爱会成为更大的力量。

为了应对巨大的悲痛，我们需要他人的力量。如果一个人感受到了悲伤，请坦率地向肯听自己倾诉的人、跟自己有同样感受的人和觉得自己不可或缺的人寻求帮助。悲伤的时候，我们更需要积极地相信别人，去寻求他们的帮助。

给内心排毒

掌握情绪收放平衡

悲伤的时候，就要痛快地哭出来。想哭的时候就哭，想生气的时候就生气，要像这样把感情释放出来。如果想着“不可以伤心”“不可以哭泣”，硬是压抑自己的情绪，这些未被消化的情绪就会在某个时候爆发。坦率地面对这些感情很重要。

没有必要逞强，为“一定要早点清除这些情绪”而焦急。这些悲伤的心情早晚会自然而然地变淡。其实，对人们来说，“沉浸在悲伤中”的行为有时也会意外地带来快感。虽然每个时代的情况不尽相同，但悲伤的歌曲、结局伤感的电影、描绘了嫉妒与痛苦等内心纠葛的恋爱小说都是非常受欢迎的。

我有段时期曾经对希腊戏剧非常着迷。在公元前刚出现时，希腊戏剧就被分为悲剧和喜剧，几个世纪以来，最能紧紧抓住观众的心的，是描绘爱恨情仇的悲剧。对无法排解负面情绪的现代人而言尤为如此，“释放情绪”后便可以感受到心情舒畅，这或许是一个必不可少的仪式。

可以对家人，对可以推心置腹的朋友，可以自己一个人，也可以借助音乐和电影的力量，试着努力让自己感受到“够了，我已很经悲伤了”。接下来，舒活身体与内心，平常地用笑容度过每一天。

或许多多少少还残留着一些悲伤之痛，把它关进心里、去做其他事的时候，它就会渐渐痊愈。此外，时间和周围的人也会帮助我们。你是否也有过“失恋消沉的时候，是工作帮助了我”或者“因为非常忙所以也就顾不上消沉了”的时候呢？有人甚至“都没有时间去悲伤”。

内心情绪对人们而言有一个能够接受的量。如果填满了它，可以让悲伤溜进来的空间也就小了很多。在情绪的收放中，不能对它们太严苛，也不能太放纵。保持好平衡，和悲伤的情绪相处下去吧。

避免徒增不必要的悲伤

—• 悲伤不是避难所 •—

人在一生中总免不了会遇到难以排遣的悲伤，但是有时候，我们从旁人的角度来看，却会感到他们过分夸大了悲伤的影响。

有些遭遇痛苦失恋的女性的经历非常令人心痛，她们假装自己很精神，却心不在焉，偶然一瞥，会看到她们的侧脸上写满了悲伤。“遇到这种事情，当然会这么伤心啊”，了解情况的人便会非常担心。

然而，如果伤心得连工作都干不下去了，也会耗尽旁人的同情，“工作还是要好好干啊，不是已经排解过悲伤了吗”。如果伤心持续好几个月，她们还是不断想起过去跟前男友的美好时光，伤心的状态一直持续，就会让人觉得厌烦，可能还会被严厉地责骂：“赶紧振作起来！”

也有人受失恋重创的情况持续了好几年。在 KTV 里唱了悲伤的歌，眼睛便会一下子湿润起来；不想再好好谈一场恋爱，却拿“因为以前的男朋友很好”当借口。也有与此相反的情况，

“刚经历了一次难以忘却的失恋打击，变得害怕谈恋爱”，把恋爱当作洪水猛兽，把现在的状态正当化。到了这一步，她们可能就会沉浸在自己的妄想世界中，化身为悲剧的女主角。

实际上，人之所以会把悲伤当成避难所，是因为这样做有着轻松的一面，可以用不顺利的过去和现实来当不作为的借口。如果悲伤随着时间流逝反而愈演愈烈，那么这可能是因为没有真正化解悲伤，或者是因为看了悲伤的电视剧代入过深。

我想，一个令人感到意外的事实是，那些容易过度悲伤的人可能非常喜欢悲伤的感觉吧。

我曾有过这样一段时期：感叹着“恋爱不顺”“因为工作的压力变成现在这样”“我就是运气不好啊”，这样便会无意识地想着“我好可怜，现实太残酷了，大家快点来同情我”。不过仔细想想，有些悲伤确实是自己创造的。被悲伤牵着鼻子走的人是自己，而现在伤心的也是自己。

只要想着“不喜欢悲伤的自己，希望自己幸福”，不论思考方式还是行动都会变得完全不同。如果能意识到悲伤是自己选择的，应该就不会过度悲伤了。不要让自己沉浸在不必要的悲伤里。

整理悲伤

用尽全力生活

悲伤不是一夜之间就会消失的，如果放任它不管的话，生活有可能失去张力。让我们来有效地整理它吧。

正确整理悲伤情绪的方法

一、来一次彻底的宣泄

悲伤过后就要坦率地接受这种情绪。不过，在别人面前释放感情之后可能会觉得非常不好意思。关键是找一个可以让自己随意释放悲伤的场所。此外，也要避免不必要的悲伤。

无法顺利发泄情绪的人也可以把伤心的事情写到纸上或者电脑里。可以只在伤心的日子里写“伤心日记”，自己说给自己听。

二、多和他人共处

如果一头钻进孤独的世界，就很容易钻牛角尖，这样对自己没有好处。即便没有把伤心的事情告诉别人，只要能和他人在一起，心情也会变得轻松一些。

三、试着暂时离开伤心的根源

不要急着马上解决伤心的困扰，在一段时间里，有意识地把目光放到别的事情上。在这段冷却时期，心情也会冷静下来，回复到原来的状态。

四、在悲伤中思考过去

冷静下来后，在悲伤里找找有没有过去的好事、值得感谢的和应该反思的事。关键是不要把别人当成恶人，也不要后悔。这一切都是社会上或者过去发生的诸多事件的叠加影响带来的必然结果。

五、在悲伤中思考未来

如果能在一定程度上接受悲伤，接下来就可以考虑自己“想怎么办”，是寻找新的希望，还是解决悲伤的根源。如果什么都做不了，就把自己与悲伤分割开来。可以把悲伤当作粮食，得到成长。目标就是“全力生活”。

六、在悲伤中思考现在的行动

根据自己在第五条中“想怎么办”的结论来选择现在的行动吧。有人曾说“发生过的事情都是有意义的”，但是否要把它变成对自己有意义的事情，是由之后自己的想法和行动决定的。

第5章

不被阴暗情绪侵蚀的理由

怨恨是最可怕的情绪

受害者心态催化怨恨

怨恨，是所有情绪之中最能深深扎根在人心底的。在日本的文艺作品中，幽灵都会用令人胆寒的声音哀号着“我好恨啊”，连死后都无法释怀的恨意是个可以引起很多人共鸣的话题。

在老年痴呆症专科医院工作的临床心理咨询师朋友告诉我，无论记忆还剩下多少，就算连自己家人都认不出来，恨意还是会残留在很多人心里。“那家伙不分包子给我吃”，七十年前的情绪还鲜明地刻在心里。食物引起的怨恨是非常可怕的，特别是在粮食不足、生命受到威胁的危机状况下的恨意，会超乎我们想象。

即便是在我们的日常生活之中，也存在对某人的愤怒转化为恨意的事情。让自己丢了饭碗的人、妨碍自己结婚的人、拒绝了自己请求的人、夺走了自己最宝贵东西的人、在自己幼小时伤害过自己的父母……尤其是男女关系引起的爱憎，即便是平常非常冷静的人也会忘记自我，事态演变到自己无法控制的程度。

某个处理过离婚案件的律师说，自己见过被深爱的丈夫背叛时变得凶神恶煞的女人。

“你给我道歉。你给我负责。把我的青春还给我。我为你花了多少钱？结果被伤到体无完肤。我的人生你要怎么赔给我？什么？你该不会以为这样就算了吧！”

那个女人时而痛骂对方,时而抽泣着发泄心中的千仇万恨，如果最后离婚的结局无法扭转，就打算狠狠地敲一笔抚养费。怨恨会拥有可怕的能量，所谓付出的爱越多，恨意就会越大。

那个女人之所以有这样的怨恨，是因为她把自己当成蒙受了严重损失的受害者，而对方是不能原谅的加害者。这是因为她觉得自己是正确的。如果听到对方说“你也有不对的地方”，她就会更加生气：“我之所以遇到这种事都是因为你！你凭什么说我？！”她无法忍受给自己带来重大损失的人否认自己。

只要自己是受害者，就难以反省自己；只要还在继续执着，对对方的否定就会一直膨胀下去。怨恨会永无止境地持续。怨恨是可怕的，如果心怀怨恨，它就会变成毒药，侵蚀自己。

不被报复牵着鼻子走

聚焦自己的幸福

这是日本《跟踪狂规制法》出台前发生的事情。

朋友的公司里有个 K 小姐被她一厢情愿认定的未婚夫甩了。K 小姐很想回到从前，听说每天都给对方打电话，守在人家门口。然而，对方无论如何就是不理她，拉黑了她的号码，甚至还搬了家。

因此，暴怒的 K 小姐便敲碎了对方停在公司门口的车的玻璃，还在车座上砸了很多生鸡蛋。即便如此，她的愤怒也没有平息，甚至打电话对对方的上司说“他人品特别差”，可对方的上司没把她当回事，她就更气愤了。因为她自己也有工作，便雇人一天 24 小时不停地给对方的家和公司打无声电话。

对方因此神经过敏，在公司也待不下去了，最终失去了工作。最后，男方提起诉讼，闹上了法庭。而 K 小姐在法庭上这样说：“我报复他是不对，但他对我做的事比我做的更过分。”

听说 K 小姐的父亲也央求法官，说“我女儿很可怜，请您从轻处罚”。最终量刑如何我不是很清楚，但是我听说当时法官是这么说的：“你还这么年轻漂亮，要是能把这些精力用在寻找自己的幸福上，今后一定会有美好的人生。”

如法官所说，K 小姐的确十分漂亮，要是想交个新的男朋友，会有不少人排队等着。但是 K 小姐对“自己遭遇如此悲惨”的怨恨和对男方的执着是无法计量的。

像 K 小姐这样激烈的报复并不常见，但是更小的报复动作却时有发生。可是如果好好想一想，就会发现这只是相互伤害，也不会有人得到好处。

当事人为了“给予对方同样的惩罚”而伤害对方，以为自己报复成功，留下的也只有空虚和自我厌恶，甚至反而会让自己受到更大的伤害，变得不幸。

在这种时候，就要不断问自己“为了我自己的幸福，真正需要的是什么”，然后应该就不会再执着于不爱自己的对方了。

恨对方恨得要去报复对方的时候，就会忘记自我，觉得“自己变得怎样都无所谓”，但是如果不珍惜自己，最后就会害了自己。

为了自己原本的人生目标，不能掉进报复这个害人害己的陷阱。

整理怨恨之前要做的事

思考“对自己最好的方法是什么”

如果觉得“都是因为对方，我才会变成现在这样”，怨恨就油然而生。如果开始念叨“我付出了这么多，结果却……”“我原本多么……”诉说自己的期待与损失之大，就会更加怨恨对方。

M 计划着在新年假期利用和朋友一起积攒的里程数去海外旅游，到达机场准备办理手续时才发现朋友的护照有效期只剩几天了，不得已之下只好断了旅游的念头。朋友对此耿耿于怀，“要是能提早检查一下护照的有效期就好了”。

“我本来特别期待，连假都请好了，酒店也订好了……”M 不停感慨着。其他朋友说“那你自己去也好啊”，M 头摇得像拨浪鼓一样：“再怎么说也不能我自己一个人去啊，这本来就是为两个人旅行做的计划嘛。而且我也不好，我本来想过问他一下，结果也没问。”

通过承认“我也有不好的地方”来反省自己，如果能在一定程度上承认自己的过失，心情也会平静一些，而不是只把一个人当作罪魁祸首。如果能考虑到“最后变成这样是很多因素造成的”，就可以干脆利落地前进了吧。

不过有些时候，自己确实没有责任。

N 的妹妹在散步时遭遇交通事故，陷入了昏迷。事故发生后，对方的代理律师找了各种借口，如“开车的时候太阳非常刺眼，看不清前面”，N 自然也不能接受，骂着“你这是狡辩”“把我妹妹还回来”。

然而，在调查结束后，肇事司机道歉说：“令妹在这起事故中没有一点责任。都是我不好，我应该负全责。”N 忍住泪水说：“我觉得我们在这里争执我妹妹也不会高兴的，因为她最不喜欢吵架。”

如果 N 考虑的是“为了妹妹和自己，最好的办法是什么”，他就不会怨恨对方了。他会在心里发誓：“这是命，我能做的就只有尽最大努力让妹妹活下去了。”

任凭怨恨发酵，是不会带来好结果的。此时要做的不是优先整理情绪，而是有意识地思考“最好的办法是什么”，然后去整理怨恨。

整理怨恨

别只把责任推给对方

如果人们不会有怨恨的情绪就好了，但怨恨既然如此常见，我们也只能尽力排解。与其说要“原谅”对方，不如说要“不再执着”于对方，继续前进。从现在开始，就不要再在别人身上浪费自己的精力了。

正确整理怨恨情绪的方法

一、寻找解决问题的办法

如果最终结果是好的，怨恨的理由也就消失了。最重要的是要去思考“事情变成怎样才好”，以及“怎么做才会顺利”。现在去憎恨对方还为时过早。

二、寻找需要反省的地方

自己有没有把责任全推到对方身上？多思考一下，难道自己就一点错都没有吗？还有没有什么可以做的事？要是能找到任何一个值得反省的地方，就大方地承认它吧。

三、寻找不幸中的万幸

别再想着自己失去的东西了，不如多思考一下自己由此得到的东西：“多谢您，受教了”“得到了宝贵的经验”“懂得了朋友的可贵之处”……塞翁失马，焉知非福。

四、思考怨恨带来的损失

怨恨会侵蚀自己的内心，让人无法心情愉悦地生活，无法解决问题，给自己的生活带来恶劣影响。最重要的是，怨恨他人非常浪费时间，却有害无益。

五、不要强求感谢和回报

如果说出“我连这种事都做了”这种话，怨恨就会增加。平时不要抱有“我付出就是为了……”这种施恩以求报的想法。

六、承认原因的复杂性

现实是由多种事态以极其复杂的方式交错而成的。哪怕对方的行为非常恶劣，在导致对方做出这种行为的背景中，也可能有着非常复杂的原因。

七、提出一些无伤大雅的“报复”

如果对方多多少少有一些罪恶感，可以要求对方“那你请我吃饭吧”，提出这种无伤大雅的“报复”，对方心情也会因此轻松一些，有时双方的关系也会因此改善。

八、朝着自己的目标前进

问问自己想要什么，再采取对自己最好的行动。能够改变的只有自己和未来。忙着思考今后的事情，也就不会有时间去恨对方了。

拒绝攀比

别人是别人，自己是自己

嫉妒是痛苦的。它是一种混入了羡慕、憎恨、嫉妒、失败感、黯然和不安等情绪的十分混乱的感觉。如果这种感觉逐渐变强，有可能变成憎恶和怨恨。

假设你要把至今为止都在独自负责的工作分给新人，新人的业绩在公司内部有很高的评价。如果大家都在夸赞新人，这时你可能就会心生嫉妒，“什么嘛，没什么了不起的”“不能让对方继续抢我的工作了”。于是，你不再教对方工作，或者是责怪对方的失误或礼数不周，或是通过别的事情来找茬。

嫉妒指的是他人拥有自己想要的东西这一事实使自己陷入了令人不快的攻击和失落情绪之中。

嫉妒心会在各种地方生根发芽，包括才能、美貌、青春、金钱、职务、健康、学历、伴侣的好坏、被爱或被认可等等方面，无穷无尽。嫉妒的情绪就像漩涡，会把所有人卷进来。

不过，嫉妒情绪却意外好解决，只要想想“别人是别人，自己是自己”，时刻牢记这一点就可以了。只要不拿自己去和别人做比较，也就不会心生嫉妒。即便嫉妒的感情涌现了出来，只要能够认可自己，明白“我有我自己的道路”，就可以化解嫉妒心。

只拿自己看到的某一点去和别人比较，是一种武断的心态。即便是因为才能而嫉妒别人，自己也可能拥有其他才能，有很多对方没有的东西。人的价值是无法衡量的，仅仅因为某一点上的输赢而感情用事是很愚蠢的。

那些会产生嫉妒心的人实际上可能很优秀。那些非常清楚嫉妒会怎样伤害自尊、让自己变得多惨的人，会因为害怕而不拿自己去和别人比较。会嫉妒，就好像是承认了自己低人一等，是特意去进行这种会让自己感到失败的比较一样。与此同时，这种情绪也会损伤自尊，留下心结。

嫉妒会因连带感而变大

—• 艳羡 + 怨恨 = 嫉妒 •—

嫉妒很痛苦，同时也很难看。即便是在各种情绪之中，嫉妒也是人们最不想被他人知道、最难堪的一种。谁都不想承认自己比别人差，不想被人看到这种情绪，因此只会用隐晦难懂的方式表现出来。

几个女人在闲话家常时，气氛因这样一段对话而热闹起来。

“听说 A 的丈夫，奖金发了好几百万呢，真不愧是 B 大学出身的官员啊。不过不是听说公务员的年薪也降了？说不定什么时候也会被裁员呢。”

“没错没错。C 一个女人在知名企业当上管理层了，好像就是因为公司要提高管理层中女性的比例才当上的，靠的不是实力。”

在这种情况下，大家都在羡慕着“A 的丈夫薪水可真不错呀”“一个女人可以当知名企业的管理层真好啊”，但是又不能老老实实地说“我好羡慕”。跟自己的情况比较后再混入恶意，就变成了嫉妒。这样的人聚集到一起，就会产生共鸣，也会在无意识之中生出强烈的连带感。

然后，这样的行为会让她们感到理所当然，甚至会带来快感。她们公然说对方坏话，难看地排挤对方，阴险地欺负对方，最终甚至会变成“枪打出头鸟”的行动。这种嫉妒在女性社会中时有发生，她们在工作上互相扯后腿，或是划分派别。

为什么在只有女性的社会中特别容易出现嫉妒呢？如此说来，是否只是因为女性很容易做比较？如果在其中加入一个男性，女性就会因为难以比较，以及“不想被异性看到自己不好的一面”而踩刹车。

嫉妒对象是本以为与自己同等水平的人时，嫉妒感会变得强烈。应该没什么人会去嫉妒嫁入英国王室的凯特王妃吧，只会非常坦诚地称赞“真棒啊，恭喜她”。

对于绝对不可能得到的东西，人类是不会产生嫉妒的。

如果想长期维护工作和人际关系，就不要评判他人的优劣，不去嫉妒就是秘诀所在。以为他人的成功感到高兴、能道一声“恭喜”的关系为目标吧，这样做也会让自己感到轻松。真需要比较的时候，不要和别人比，要和自己比。能感到现在的自己比起过去有所进步、有所成长就够了。

受人嫉妒时的应对之道

——放低姿态，若无其事地避开——

嫉妒他人会导致负面情绪产生，但是受人嫉妒也让人感到难受。

会嫉妒的不仅是女性，其实真正可怕的是来自男性的嫉妒。“我不可能做出嫉妒这么难看的事，何况还是嫉妒一个女人……”男性自己也会在脑中否定嫉妒，但因为没有正确地认识到它，便无法真正看清自己心中的嫉妒情绪。

然而，地位、学历、权力、评价等等涉及竞争的东西，凡是会侵犯自己既得利益，就会激起男性强烈的嫉妒心，他们甚至会无情地打压女性。他们会喜欢那些呼之即来挥之即去的女性，而不认可在工作上比自己还能干的女性。在发达国家中，日本公司的管理层中女性的比例完全没有上升，女性在产后也很难继续工作，甚至有想法认为，这些和男性深藏不露的嫉妒心有关系：“做得到的话就做做看，不过你不可能做得像男人一样好。”

这种事情我曾经体验过。我做过婚礼摄影师，合约增加之后，婚庆公司的竞争对手曾来挖角。我认为我拒绝得很委婉，结果对方却流露出一种“你以为你有立场拒绝吗，少自大了”的情绪，态度骤变。他们在若干婚礼会场上暗做手脚，禁止我出入，还散播谣言。男性的嫉妒会诉诸权力，十分令人厌恶。

面对这样的嫉妒，要么彻底地抬高对方，要么只能放低姿态来对抗。人们认为与自己同等水平甚至还不如自己的对象，一旦给自己带来不利状况或者是领先自己一步，嫉妒就会出现。所以，你在沉默的时候，可以表现出“我并不是值得你嫉妒的人”的态度。

有时，在女性中有“习惯了被人嫉妒”的人，比如特别受欢迎的美女、富家小姐和优等生。这样的女性因为从小就被人嫉妒，所以懂得在不经意间大方地放低姿态，表示“我也有做不好的地方”，同时抬高对方、夸赞对方，比如说“请您教教我”，可以若无其事地避开嫉妒之火，从而保护自己。这样的人给人感觉很亲切，让人觉得“也有可爱的一面嘛”。

无意义的嫉妒是很麻烦的，一定不要和对方站在同等水平上动怒攻击对方。如果你感觉自己可能还会嫉妒下去，就想一想“像我这么大度的人怎么能干嫉妒这么小气的事情呢”。

吃醋源于自私

比起对方更爱自己

在恋爱初期，女方天真烂漫的嫉妒可以让恋爱更加热烈。“你刚刚在看别的女孩吧，别想我原谅你。”“讨厌，不许去联谊，就这么定了。”如果女孩说出这样的话，男性也会觉得“我女朋友在吃醋”，会去向别人炫耀这一点也无可厚非。然而，如果女朋友开始怀疑自己和其他女性的关系，嫉妒就会变得严重。嫉妒心很重的女性就会想要掌控男友动向，要求对方频繁地发短信过来，以此来束缚对方，“你真的没有事瞒着我吧”“给我看你爱我的证据”等等，不停地折磨对方。

虽然也有“越容易吃醋，爱就越强烈”的说法，但是我感觉这之间有些不一样，因为嫉妒是比起对方更加爱自己的感情。

抱持着“是不是其他女性比自己更重要”“自己是不是没有被爱”的想法，这种不安、恐惧、危机感就会变成嫉妒心，从爱自己变成束缚对方。女性一直都想靠“眼睛看得到”的表现或语言来确认爱情，男性却意外地信任“眼睛看不到”的爱情。男人认为“这不用说也能明白吧”，不会把爱情摆到表面上来，只要没有发生严重的事，就会安心地放着它。正因如此，女性的不安才会聚集，嫉妒心有时会变成胡思乱想。

如果男性一时兴起，去看别的女人，女性可能就会吵着“你更爱谁，说啊”，这样会使事态更加严重，其实本不用因为这种事情分手，但折腾了一通后就无法继续相处了。嫉妒一旦加深就会扰乱平静状态，引起不必要的争执，因此要适可而止。

如果想拴住男性，比起不厌其烦地责问对方，认可对方、抬高对方效果更好。对男性而言，认可自己的人是最重要的，对今后的生活而言必不可少。这种时候，要采取成熟明智的行动。

不仅要相信“眼睛看得到”的爱情，也要相信“眼睛看不到”的爱情，一旦对自己和对方之间的联系感到放心，嫉妒心自然就会淡薄了。

或许成为一个成熟的女性，就意味着能够理解那些眼睛看不到的东西。

两性的嫉妒温差

—• 男人看重身体和过去，女人看重心灵和未来 •—

我很早以前看过某部很有名的电影，讲的是两个各自拥有家庭的男女偶然邂逅并且坠入爱河的故事。两个人最终把无法割舍的婚外情向各自的配偶坦白了，男人对妻子说：“不过我和她没有肉体关系。”妻子听后说“这样更糟”，哭着狠狠地赏了男人一耳光。面对“两人并不是简单的肉体关系，而是在精神上相通”这样的事实，男人的妻子想必感受到了强烈的妒意。

女性会因为“丈夫的心被别的女性抢走”而感到特别不安，比起内心相通，有人对肉体关系比较宽容。面对身体出轨，她们内心虽有一些波澜，但可以勉强睁一只眼闭一只眼，毕竟出了鞘的剑还是会回到原来的剑鞘里。

相对而言，男性更难容忍“自己的女人和别的男人有肉体关系”的事实。女人说“只是玩玩而已，我心里没有他”，不论如何强调内心相通的重要性，不论再怎么请求男人原谅，一次错误就是要被判无期徒刑的重罪。

纵观历史，对需要女性来承担生育职责的男性而言，“肉体上的联系”具有非常重要的意义。男性会嫉妒女性的“过去”，这也和肉体上的征服欲有关系。女性认为“现在”和“未来”最重要，对过去没有那么执着，就会不经意提到前男友，从而惹得男人不高兴。

此外，对为了能养育孩子、生活下去而需要男人的爱的女性而言，为了消除对未来的不安，“心灵相通”是非常必要的。女人会依次盘点男人的情史，嫉妒男人无法得知的“未来”，不禁会深深地怀疑“他以前做过这样的事，今后不会有问题吧”。

我曾经在某处听到这样的话：“男人想成为女人最初的恋人，而女人想成为男人最后的情人。”这未必是无稽之谈。女性寻求安定，或是琢磨着“想结婚，稳定下来”，或许都和想独自占有未来的想法有关。在女性具备了经济能力的今天，这其中的意义似乎也正在改变。

整理嫉妒（普通篇）

把嫉妒当作成长的动力

嫉妒是一种人们想倾诉却又不能坦然诉说的纠结情绪。平日里虽然能用“别人是别人，自己是自己”这样的精神来抵御嫉妒，但是在工作上，在和朋友或身份类似的对象交往的过程中还是会出现嫉妒的情况。这种时候应该怎么整理呢？不妨按照下面的处方试一试。

正确整理嫉妒情绪的方法（普通篇）

一、意识到自己羡慕的是什么

因为不愿意承认“自己在嫉妒那个人”，就会掩饰嫉妒心，也会对对方产生恶感。如果有“就是不喜欢”这样的感觉，可以问问自己“在羡慕什么”，可能就会注意到自己是在期望获得意想不到的东西。就像看待别人的问题一样，承认“咦，原来我是在意这个啊，的确有可能”。

二、学习谦虚

在别扭的心情背后，有着一颗得不到满足的自尊心。不要一味想着“也评价一下我啊”“我也有优点啊”，要学着谦虚起来，“我还差得远呢，还要向大家学习”，不论是谁，都会有值得自己学习的地方。

三、对幸福心存感恩

无法在某方面得到满足的情绪，就会变成嫉妒。如果想到“现在的我已经非常幸福了”，嫉妒心就会消失。你可能要花上一些时间才会发现自己的幸福。每天发现一点小小的幸福和喜悦，就会一点点切实感受到幸福。

四、认同并称赞对方的成长

试着大方地把自己觉得羡慕的地方说出来，心情就会意外地平静下来，嫉妒也会消失。如果身边不再有因为嫉妒而看不惯别人的人，生活也会变得轻松。

禁忌

轻视对方。发现对方的缺点时，不可以表现出“我比你好”这样的优越感。只要不去比较，嫉妒就不会接二连三地产生。

说坏话。说别人坏话只会增强嫉妒，也会拉低人品。如果有一起说别人坏话的朋友，自己说别人坏话时就会觉得理所当然，因此要学会听到坏话就左耳进右耳出，并与之保持距离。

退缩。如果想着“我这样的人还是……”而退缩了，自卑感就会膨胀。即便没有人认同自己，也要自己认可自己，“我也有我的长处”。

整理嫉妒（恋爱篇）

信任但不过度依赖对方

“就是因为喜欢所以才嫉妒的，有什么办法”，如果这样想而不去约束自己的情绪，彼此都会因嫉妒而感到疲惫，也就无法掌握控制情绪的能力。嫉妒还会使自己陷入自我厌恶，再因为感到不安而嫉妒，陷入这样的恶性循环。年轻时的嫉妒尚且可以说是可爱，但是如果太过深入对方的世界，就会产生消极结果。看清楚界线在哪里，在保护对方自尊心的前提下巧妙地利用嫉妒心理，这需要有水平很高的技巧。

正确整理嫉妒情绪的方法（恋爱篇）

一、如果不想嫉妒，就要拥有自己的世界

嫉妒是从对对方的依赖心理中产生的。适当的依赖是彼此所需要的，而依赖一旦过度就会变成束缚，使对方感到厌烦。为了避免过度执着和依赖，就要拥有自己的世界。不论是工作、

兴趣还是朋友都可以。

二、如果不想嫉妒，就要理解男性的本质

虽然具体情况因人而异，但是同女性相比，男性不喜欢把爱拿到表面上来，对女友或是妻子会感到十分放心。把视线投向其他女性可以说是男性的本能，但他们并不会轻易地认真，甚至到要和现在的女友或者妻子分手的地步，不必太过在意。

三、如果感到嫉妒，不要理会

如果想让情况变好，开心地度过现在的时光就是最好的选择。嫉妒他人是在浪费时间。千万不要为了测试对方的爱而轻言分手。如果想责问对方，也要稍微忍耐一下，隔一段时间。等自己冷静下来后想一想“这值得嫉妒吗”，绝大部分的情况下，你会注意到是自己想太多了。

四、如果感到嫉妒，就试着改变表达方式

在感到嫉妒并觉得“无论如何都要说”的时候，就思考一下应该怎么表达自己的想法吧。此时不可“责问对方”以及与此相反，采取“低三下四”的态度，这样会让对方感到不快。对方要么会沉默，要么会生气，最后也有可能反过来发火。要努力开朗地向对方表达清楚“希望你怎么做”。

五、如果感到嫉妒，就把“谢谢”说出口

这属于逆向疗法，“你这么珍惜我，非常感谢”“一直都很感谢你”等等话语能认可并把感激之情传达给对方，不安的感觉会变淡，心情也会变好。为了紧紧抓住对方的心，聪明的女人不会乱了阵脚，会从容地靠温柔取胜。

应对自我厌恶

承认“这就是我”

你会在什么时候陷入自我厌恶呢？因为一点小事生气、想到“真是的，我怎么会这么小气”的时候，别人对你说“请你认真一点”的时候，看着别人、感慨“大家都好厉害”的时候，喝醉后做出自己平时不可能做的事的时候，玩忽职守或者失败的时候……每当想到“啊，我怎么这么没用”的时候，就是陷入自我厌恶的时候。也就是无法接受自己、否定自己的状态。

这一状态背后隐藏着对自己成为某种类型的人的期待。因为自己做不到，便会对自己生气，对自己失望，不再相信自己。

放任自我厌恶的情绪，事态也不会好转的。当“我很没用”的想法频繁出现，或是把事情考虑得太严重时，人对自己的评价就会降低，也就无法从容地发挥自己的能力，还会非常在意别人的评价：“别人会不会觉得我太没用了？”这种状态持续下去，就会无法保持本心，或是会为了努力当别人眼里的好人而疲惫。因为自己不认可自己，无法爱自己，也会无法对他人好了。

如果出现了这些不良影响，自我厌恶的情绪就会加重，变得自暴自弃。一旦你感觉到了自我厌恶，只有“将错就错”地告诉自己：“这就是我，这样不也很好吗？”对于已经过去的事情，再怎么想也不会改变了。

比如说，在出现很严重的失误或是说了不该说的话给别人带来麻烦的时候，即便再怎么惭愧，也要停止因此过度自责，要有“已经发生的事也没办法了”“船到桥头自然直”的想法，挺起胸来，把精力聚焦在继续前进上。与自身的一些特征或是性格有关时，也只能告诉自己“这就是我”，如果是还能改变的事情，做出改变就可以了。

要承认自己是不完美的。人无完人，人类就是因为有缺点才是人类，有缺点的人也会被爱。懂得整理自我厌恶情绪的人会想“虽然我这个样子，但我也有优点”“虽然这次失误了，但是之后会好起来的”，一定会在某个时候相信自己。

要顺利整理自我厌恶，就要接受连同优缺点在内的全部自己，对自己的信任是非常重要的。

不要期待过高

避免自恋与妄自菲薄

我以前工作的公司里有一个新人 K。他非常有干劲，工作悟性也很强，进公司第一年就取得了全公司第二的销售成绩，因此受到表彰，在公司里被看作明日之星，受到大家瞩目。然而第二年，他却进入了瓶颈期，销售成绩为大家的平均值。K很消沉，听不进大家的挽留，最终还是辞职了。他说“我不适合做这份工作”，与其说他不能原谅自己是因为辜负了公司的期待，不如说是因为辜负了对自己的期待吧。

如果过于全力奔跑，常常会出现失速的情况。因为碰壁而无法顺利继续的时候，就要迅速认清自己的实力。“第一年只是碰巧运气好才取得了好成绩，如今的结果才体现了我的实力。不过，我毕竟也做出过这样的成绩，这样的日子肯定还会到来的”，如果能接受这样的自己，或许就能再站起来继续前进了。

志向高远是非常棒的，但是，如果对自己期望过高，或是告诉自己“我必须怎样怎样”“我就应该如何如何”，从而把自己关在理想的牢笼里，就会在自己做不到的时候陷入自我厌恶。志向要高远，但与此同时也要看着自己的脚下，“看起来还可以再努力一把，做到做不下去了为止”，用这种方式前进才对。

对于目标，不用做到完美，只要用自己的方法做到自己最好的水平就可以了。

人生就像潮汐一样，有涨有落。有认为自己好厉害的时候，也就会有觉得自己有点糟糕的时候。在人生低谷，要保持“没关系，不久后就会变好”的希望；当好事持续发生的时候，提醒自己“太沾沾自喜就会得意忘形”；遇到小挫折的时候，告诉自己“这也是不可避免的”，然后重新站起来。毕竟，有晴天就会有雨天。

接下来，对于结果，要去想“我一直都做出了最好的选择”。

即便是因为自己偷懒而犯了错误的时候，你也已经做了“最好的选择”，无论如何都是自然而然的结果。不论别人怎么说，你只能告诉自己“这样就好”并接受它。虽然你不是什么大人物，但也不是一点价值都没有，要抱有客观的谦虚和适当的自我肯定。

不拿自卑当借口

——将自卑之处化作魅力点——

有时，有的人会说一些非常自卑的话，诸如“我太胖了，穿不了那样的衣服”，还有“我脑子不好使，做不来这些事”。此时，即便想赞同对方，恐怕大家也只会说“哪里，没有的事”吧，这就是女性相处的礼仪。

经常说“我这种人”的人，对自己身上令人不满意的部分，希望听到别人说一句“并不是这样”，借此获得一些安心感。

其实我觉得，“我这种人”这句话里隐藏的并不是一个人真正在意的东西，真正的自卑在于别处。人们真正在意的东西是无法在他人面前提起的，是让人不敢直视，甚至也想对自己隐藏起来的。

这样的人或许是因为曾经有过被人指责而受伤的经历，或是认为因此事情才无法顺利进行。这种人缺乏自信，无法积极思考，也无法喜欢自己。

那么，我们要怎么对待这种令人憎恨的自卑感呢？方法有些简单粗暴，但面对它也只能将错就错，也就是要接受自己，“我就是这样的，也没什么不好的吧”。自卑是将自己和他人进行比较以及自我分析后得到的“自己有所欠缺，不如别人”的想法，这是站在自己立场上的臆想。

我以前在婚姻介绍所工作的时候，有的女性会把找不到对象的原因归结为自己“太胖了”“不擅长聊天”等等，而在男性看来其实是因为“性格太内向了”“价值观合不来”等原因。自卑并不是结不了婚的原因。也有人认为“还是胖一点比较好”“不爱聊天也没关系”。所以不该把相亲不顺利的原因归结为自卑而逃避。应该还有其他真正的原因。

与其纠结自己的缺点，不如去珍惜别人对自己的认可和夸奖。发展好这些方面，自己就会变得更有魅力。即便是为了整理情绪，也比去关注纠结的点好太多。

自卑是一种倾向，如果改变看法的话也有可能变成长处，变成成长的契机，还有可能因此得到一些东西。自卑并不令人憎恶，把它当作可以利用的魅力点，彻底爱自己所拥有的一切吧。

从不断失败中学习

距离成功又近了一些

容易陷入自我厌恶的人，动辄会在一点小失败后立刻得出“我就是不行”这一结论。如果被别人轻轻责备两句，他就像被完全否定了一样消沉，可能会无法重新站起来，也就是说，会把一点点失败和指责看得很重。

我在一些国家学习和工作过，感觉能承受挫折打击的女性很多，即使挨骂也不当回事，即便在大学研究项目中做报告时受到刁难，与人激烈争吵，结束后也是一副“啊，今天非常开心”，心情舒畅的样子。

其中的区别在哪里？思考一下，就会明白一点，那就是她们一开始就预想到了自己会失败、被他人打击，不遮掩“能力不足”和“不成熟”的自己，而且自己也接受了这样的自己。

“那当然，谁都会失败的，肯定也会被人责备”，他们做好了这样的思想准备后，便不会觉得“失败 = 无能”，也不太会把失败当作耻辱。一部分日本人却会觉得“失败了可怎么办”“失败了，我真没用”，只认可不会失败的自己，无法认可会失败的自己，觉得在他人面前失败就是耻辱。因此，他们便会恐惧失败，一旦失败了就会非常消沉，多半会轻易半途而废。

但是，失败也是会带来益处的。世界上充满了不经历失败就无法做好的事，比如在演讲的时候，第一次会因为紧张声音走调，时间和内容也安排得不好，但是第二次就会好一些，等到了第三次、第四次……就会慢慢变得不再紧张，应该会切实感到自己能够讲得好一点了。

一开始就能做好的人也只有一小部分而已。绝大部分人都是在失败之后才有所改善的。失败了，说明我们距离成功又近了一些。那些掌握了某些技能的人，都是经历过很多次失败的。失败得最多的人，可能就是成长得最快的那个人。

其实别人也没有那么在意你的失败。要想着“吃一堑长一智”，继续坚持下去。只要自己不放弃，就不会导致失败。因此只有自己不去做，或是试了一下就马上放弃才是真正的失败。

信心有多强，可能性就有多大

人总是自己给自己踩刹车

我坚信真正想实现的愿望是一定会变成现实的。只要明白了做法，总会有办法实现。哪怕最开始的野心听起来很荒唐，人们也总能找到办法，之后愿望就会一步步实现。

不管怎么说，有人还是会认为“你是做得到，但我做不到”“实际怎么可能这么顺利呢”，这样想就真的太可惜了。他们轻易用对自己的成见来决定自己可能性的界限，断定“已经到头了”，实际上是自己给自己踩刹车。

有人会固执地认定自己有哪些特质，觉得“我就是这样的人”“我就是做不来这件事”“我就是搞不定这个”，这是非常令人惋惜的。如果没有这些成见，也就不会对自己感到厌恶，可能还会发现一个新的自己。

对其他人的成见也会带来消极影响，比如“他只会想着他自己”。随便给别人贴标签，就可能一直带着恶意看待对方，说不定对方其实为人很好。我们的可能性，因为这些成见而少了很多。显露在外的可能性只是很少的一部分，我们身上应该还深埋着很多沉睡中的巨大潜力。采取了正确的做法，就有可能把它们引导出来。

成见会变成愤怒和自我厌恶等情绪，会妨碍我们整理情绪。

我有一位30多岁的朋友，从极度贫穷中白手起家，成为年营业额数亿日元的公司的社长，现在过着每月只去公司两三次的半退休生活。她经常飞去国外，每次出国都会与当地公司谈成生意，总而言之，她是个想到就做、把想法变成现实的人。

她会成功的原因想必有很多，但最重要的就是没有成见，如果她坚信“我和金钱无缘”“社长就是要每天都去公司，要比别人多干活”“不会外语就不能出国谈生意”，就会给所有的行动都踩下刹车了。她会把自己的愿望和对公司的未来预想图贴到墙上。她没有什么奇怪的想法，但是唯独对“这件事说不定可行”一点坚信不疑。

把对他人、对自己还有对社会的想法上的条条框框都拆掉，去考虑“有可能”的事情，自己会变得更轻松、更快乐。这样一来，自我厌恶之类的情绪就一定会烟消云散了。

体现价值的环境由自己创造

想想自己能做到的事

有人会感叹“我没什么长处，对自己也没什么信心”“自己在公司里也起不到什么大用，有没有我这个人也没什么区别”。

不论再怎么说“不需要做什么特别的事，我也是有价值的”，“不论如何，我都会爱自己”，我们还是经常能感觉到自己毫无价值。我能明白这种心情，以前我也体会过。虽然明白“我就是我”，可脑子里还是会突然冒出自我厌恶感。

人需要一个能切实感受到自己所做之事价值的场所。我知道无价值感会把自己变成多么悲惨又可怜的人，也知道它会使我们丧失自信，因此会尽量排遣这种消极的感觉。

具体来讲，首先要做的就是别人不会去做的事情，比如试着去做一些大家不愿意做的工作，其他人会因此开心。如果公司内部是一片阴郁的气氛，哪怕只是注意在平时打招呼的时候笑颜以对，都会得到“一直非常有精神，让人感觉很舒服”的评价。

做大家都在做的事情，就会形成竞争；做除了自己没别人在做的事情，就会获得非常高的评价。但这并不意味着自己是因为想得到别人的认可才去做的。

小时候，我曾在清晨陪母亲一起去公园除草种花。没有人会因此说“你们真是做了件好事，谢谢你们”，但看着在公园里玩得非常高兴的人们，我也感到心情愉悦，这可能是因为“自己也出了一份力”这样的满足感变成了喜悦。

其次，“珍惜重视自己的人和对自己有重要意义的场所”也是非常重要的。

不论情况如何，都会有人牵挂着我们。通过对这些人的感谢和报答，我们自己也会逐渐感到满足。与其执着于不合适的地方，不如珍惜会欢迎自己的地方，然后考虑自己在这里能做到什么，这样心情也会更好。自己的立场要靠自己来创造。

认清自己能做到的事，其实是一种很厉害的能力。把这些微小的满足感一点一点积累起来，就会变成对自己的巨大信任。“自己也没起到多大作用”“无法认可自己”这种话，等到做了该做的事情后再说也不迟。

整理自我厌恶

让你更爱自己的小运动 3+1

如果陷入自我厌恶之中，就要马上转换心情。最初做起来会比较困难，但是很快就可以做到轻松转换了。为了让自己产生“我也可以的”“我很厉害嘛”的想法，来做些练习吧。

正确整理自我厌恶的方法

一、将错就错（目标是不完美主义）

之所以不能原谅自己，是因为自己没有达到理想中的要求，但只要有这样的想法，很快就会陷入自我厌恶。对待自己和他人都秉持完美主义，只会让人感到烦躁。认可存在不足的自己，觉得“这样也很好”，大度对待身边各种类型的人，做一个“不完美主义者”吧。如果能原谅自己，也就可以原谅他人了。

二、坦然自嘲

一旦开始责备自己，就会把事情想得太严重。这个时候，嘲笑一下没用的自己吧。等冷静下来，就会觉得自己更值得爱了。

三、从跌倒的地方爬起来

如果产生了想要成长的想法，也就没有时间自我厌恶了。去虚心地学点东西吧，这是个可以考虑“怎样做才更好”的好机会。

让你更爱自己的小运动 3+1

小小的承诺。连小承诺也能守住的人才是值得信赖的，你也要对自己建立起这种信任。培养一些可以通过努力达成的目标和习惯，并试着做到。重视“只要做，我也能成功”这种小自信。

小小的感谢。把“谢谢”挂在嘴边。能够对稀松平常的生活和旁人不经意间的好意表达出感谢与高兴是非常棒的能力。夸奖自己和他人，对于增强对自己的认同感也会有很好的效果。

小小的付出。去做一些不利己而是利人的事情，便能体会到“我很厉害”的心情。与人方便，自己方便。仅仅是能让自己心情变好，就已经是很大的收获，这份付出会在某天获得回报。

尽量以好心情度过一天。人们大多是因为生气、嫉妒和孤独等负面情绪才陷入自我厌恶之中的，如果一直都保持心情好的状态，也就可以带着骄傲生活下去。

第6章

不失去内心张力的理由

应对无力感

◆ 重获内心张力的方法 ◆

到现在为止，我们已经讲过了几种情绪。在所有情绪之中最难整理的就是无力感。无力感就是“总也拿不出干劲”“提不起精神”“没心思做事”等失去欲望的状态。

最常见的就是日本人所谓的“五月病”。四月的时候还干劲满满地准备大干一场，一旦过完了黄金周，就因不安或无法适应现实与理想之间的差距而焦虑，因为种种压力而陷入无力感。除此之外，还有人因为失去生活目标和内心支柱、在公司受到责难或无法实现目标等原因丧失干劲。

也就是说，这是一种失去内心张力的状态。以前，我们被某种为我们提供动力的东西向前牵引着，内心绷得紧紧的；当这个东西消失，或是我们不再相信它的时候，内心就会变得没有依靠。

找不出自己要做的事情的意义，情绪就会诉说着“不要，我不要做”，最终就会变得“虽然必须做某件事，但就是没有那个心情”。

恢复内心张力的办法大体分为两种：一、借助目的意识、目标设定和希望完成的事情等方式重新找到原动力；二、不管三七二十一先行动起来，再带动情绪。

第一种方法是改变思考方式的方法，第二种方法是改变行动方式的方法。每个人的做法都不尽相同，比如我就是“放手行动派”，还会在行动的过程中思考，也就是在用第二种方法的同时兼顾第一种方法。

情绪不会轻易为我们改变。与其等待情绪变好再去行动，不如一咬牙就去做，在做事的过程中，情绪就会得到整理。

早上不想出门时，试着比平常更加细致地化一番妆，这样一来也就有心情出门了。要是再和别人说说话，就会更有精神。

工作上，试着从最容易做的事或是自己最感兴趣的东西开始着手。不知不觉间就会专注起来，当天的工作结束后，定下明天的目标，干劲自然也就恢复了。

第一种方法中提到的会成为原动力的东西，或许会在你行动的过程中突然出现，让你不禁感叹“对啊，还有它嘛”。

工作上的干劲只能靠自己激发

——一步步提高目标——

我曾在某个调查问卷中见过这样一道题：“可以带动起自己工作干劲的是？”三个选项分别为“成就感”、“他人的认可”和“工作本身”，大部分人或许都能认同这三个选项。但是如果逆向思考，我们会发现只要自己来创造满足这三个选项的状态就好了。情绪上高兴起来，也会带动干劲和新的行动。

首先说说“成就感”。体会不到工作成就感的状态是很痛苦的。有目标的话，只要去达成就可以了。但是在没干劲的时候，人们甚至没有心思设定目标。此时，要先把目标设得低一些，再逐渐把难度加上去。

最开始把目标设定为“只做最低限度的工作”，然后把目标的难度逐渐增加到“平时可以做到”和“努力一把就可以做到”的程度。最终做成的时候，告诉自己“做得非常棒”，再请自己喝杯啤酒或者吃块蛋糕。打起精神之后，可以在自己的计划表上划掉一项，或是做个进度和成果表来确认自己的工作成果，或是和以前的自己比一比，都会产生成就感和充实感。

接下来说说“他人的认可”。为了提起干劲，有时也需要借助别人的力量。

比如说，自己做的工作对他人有帮助而且对方也很高兴，这样自己也会觉得“我要继续努力”。比起思考“为了自己”，思考“为了别人”，人更能发挥能力。此外，如果得到公司同事的认可，听到别人说“做得不错”，人们会觉得自己的价值得到了认同，从而感到特别高兴。和周围的人打招呼，与他人协商或是夸奖别人的工作，像这样通过自己主动行动，也会渐渐得到他人的积极评价。只是不要过度期待别人的评价，否则就会变成“得不到别人的认可就没有干劲”的局面，把它当作额外的奖励就好。

最后说说工作本身。不论是什么工作，肯定有令人开心的要素。比起因为“不得不做”而烦躁，或许享受工作的能力也是必要的。

这些干劲可以成为我们一时的原动力，但如果没有“自己想在这里做成什么”“想用哪种方式生活”这种长期、重要的目标意识，一旦陷入逆境，内心的张力很快就会消失。

工作有赚钱和实现自我的价值，还有为社会做贡献等等价值。要把自己置于人生的大视野中，有一两个清晰的目标，你的目标会让你不被琐碎的细节束缚，成为你前进的力量。

守旧会为消极情绪加码

不要畏惧改变

O 今年工作第七年了，她每天都重复着同样的工作，感到很无聊，于是她干脆把公司当作赚钱的地方，平日里都忙着充实自己的私生活：练瑜伽、学跳舞、参加演讲会或者学习餐桌礼仪。活动结束后，她会和同伴们一起吃吃饭，过得相当快乐。O 也去相过亲，但是没什么成果，她便一个人悠闲地生活。这个时候，如果有同伴结婚了，O 也无法大方地祝福对方，而是会说“婚姻生活也挺累的”。O 想：“我还有什么不满足的吗？没了，我应该已经非常幸福了才对。”

没错，不论自己有多少兴趣爱好，和朋友相处得有多快乐，如果无法感觉到自己的成长，就不会得到足够的充实感。除非你有把自己的某个兴趣发展到骨灰级的志向，否则，开心的时候再怎么开心，也会在不经意间产生“不知今后会怎样”的不安感，甚至还会感到空虚。

这样的人看起来好像有所行动，实际上仍处于一种彷徨的状态中，想着“如果能进入充满刺激的环境，可能就会遇到一些好事”，寻求着某些会改变自己的东西。还没有辞职倒还好，但是如果这种状态一直持续，遇到内心抗拒做的事，也会产生“想跳槽”“想去别的部门”的想法。但就算换了环境，一旦重蹈覆辙，也会再次感到无聊。

要意识到可以改变自己的只有自己的行动，不要觉得“反正工作做到最后都会变得机械”而放弃努力，试着用自己的方式去不断完善自己的生活吧。一旦开始这种过程，你就完全不会感到厌倦了。想着工作还有提高效率的空间，就还有很多事情需要去做，应该不会有哪个上司反感“请再让我做一些工作”的要求吧。哪怕有个“要在这个公司做到社长”的梦也好，一旦有了野心，行动也会有所有改变。就算是工作，也可以充满理想。

那些甘于守旧的人，心中有对改变的恐惧。风险是与变化为伴的。如果不去改变，虽然会沉浸在温水中乐得轻松，但水总会变冷，心情也会变坏。如果持续做同样的事，渐渐就会感到麻痹，动力必然会减弱。其实，保持不变的状态才是最恐怖的。要主动灵活地寻求“我在这里可以做到的事”，主动求变的态度会让我们避免因循守旧。

怎样走出瓶颈期

静静等待灵感到来

像因循守旧一样，瓶颈期也会让人心情萎靡不振。我有时候也会陷入瓶颈期，稿子一笔都没动。在瓶颈期，人们做不到之前能做到的事，失误也变多了，拿不出成果，做不出成绩，这种时期很常见。进入瓶颈时，就好像误入隧道一样，会陷入非常不安的感觉。

对待瓶颈期，人们大致有两种整理方式：一、在原地静静等待瓶颈期过去；二、采取各种方法渡过瓶颈期。在发现自己有守旧倾向的时候，我会有所行动；但在瓶颈期的时候，我会静静等它过去。基本上我属于第一种人。

想着“人生中有高峰有低谷，不久就会好起来了”，姑且先对着电脑，随便写点什么，然后在不经意间就会灵光一现，只要静静等待那个时刻就可以了。“在这之前我做得都很好，所以之后也能做好”，这样的想法或许可以帮助缓和不安。

如果我采用第二种方法，想着“是不是还有其他办法可以克服瓶颈呢”，就会陷入困境。该做的事定下来后，自以为懂得了解决方法，拼命挣扎后却发现只是徒劳，还会在沼泽里越陷越深。

不过，我在按照第二种方法做了各种尝试之后才明白哪些方法是无效的，这也是事实。我在无论做什么都不顺利的人生瓶颈期所做的事情就是慌张地挣扎，尝试各种方法，除此之外再也找不到能看到一丝光明的道路。就算学习也学不进去，努力工作了也拿不出成果，这种时候，也可以选择改变“方法”这条路。即便从结果上看回到了从前的老路上，只要找到最好的方法就胜利了。

此外，也可以暂时离开，休息一下，有时这样也可以带来很好的效果。重置心情之后重新开始，因为恶劣情绪已经消失了，事情也会变得顺利。

在瓶颈期，时间上还比较宽裕的时候，我会做些跟工作无关的事，比如和我最喜欢的旅行有关的事，或者看看纪实类的电视节目，读读自己喜欢的作家的书。想着“大家都在做着各自的工作啊”，就会有心情去做自己的工作了。

越忙碌越爱拖延

忙只是消极逃避的挡箭牌

前些天，我还在念小学的侄女被她妈妈骂了："快点做作业，不然就没有时间睡觉了。"小侄女说："我知道得做作业，可就是不想做嘛。"

即便我们长大成人，想把那些困难和麻烦的事情放到后面再做的情况还是时有发生：因为还有些时间，所以先不去做，"反正早晚都会做"。然而，我们逃避的时候，总会在某个时刻想起"啊，那件事情还没做完呢"，在时限将至时才开始不情愿地做，最后不得不面对更大的压力，与时间赛跑，期间甚至还会牺牲休息时间，持续加班。总算搞定了之后，也会感叹"要是再有些时间，还可以做得更好"。

即便逃避，也不会有好事自动送上门，毕竟，"不想做，做不来"这样的情绪会一直持续到工作结束。如果能赶紧完成工作，就可以彻底解放了。以为自己选择了轻松，结果却一直陷于更加痛苦的境地。

其实，说着“忙死了”的那些人，正是为了消极逃避才会觉得自己忙的。相反，那些自己主动进攻搞定工作的人，因为内心从容，即便面对繁忙的日程也能做得很快乐，不会感觉到多大痛苦。

逃避就会带来痛苦，而且会比以前更痛苦，而自己主动去做就会感到快乐。逃避一次，从容就会减少一点，就好像在时间和心情上欠了债一样。

说回前面提到的那个妈妈。她一边说“电视等做完作业再去看才会好看”，一边把计时器递给女儿，说“挑战一下，看自己能不能在一个小时内把功课都做完”。这招意外好用。这之后的每一天，小侄女都会定好时间去做作业，那是因为孩子明白了，做完作业会让人感到开心，玩耍也会变得更开心。

即便如此，还是要说“知道是知道，可我就是做不到”的人，需要培养根据优先级来选择该做的事情的习惯，不要通过好恶来挑选。

然后，简单地思考一下。那些有拖延习惯的人倾向于把事情想得太难。令人意外的是，试着告诉自己“这很简单，赶紧把它们都做完吧”还是很有效果的。可以先做个 10 分钟，或者每天做一些，从简单轻松的地方开始，不要去想多余的事情，先踏出第一步最重要。

多一些喜欢，就多一些干劲

—• 让自己爱上工作的技能 •—

那些在工作中取得了某些重大成就、得到他人好评的人分为两种：一是做着自己喜欢的事情的人，二是在工作后才喜欢上工作的人。

虽然对工作的好恶最终都会消失，但还是面对喜欢的工作时精力旺盛一些。面对自己不喜欢的东西，不论怎么努力也拿不出真正的干劲；做着自己喜欢的事情却会心情愉悦、精神集中，不论有多少都会做下去并有所成长，不论做多久都不会感到疲惫，因此能够持久。不必拼命鼓励自己，做自己想做的事情，干劲自然会涌现出来。

读到这里，或许有人就会说："那当然，能把自己喜欢的事情当作工作的人和在工作后才喜欢上工作的人都太幸运了。"没错，能做喜欢的事情的人都很幸运，但我看着"在工作后才喜欢上工作的人"，想到的是"这些人应该也会喜欢上其他工作吧"。也就是说，这是个是否具备"喜欢上工作的能力"的问题。如果有这个能力，就能自己创造幸运。

用一个有些不合时宜的比喻来说，这和日本过去的婚姻很相似。50多年前谈婚论嫁的主要方式是相亲，有很多女性基本没和男方相处过，婚姻完全由父母亲戚决定。但是要说这些女性很不幸，事实也并非如此，她们中的很多人和丈夫相敬如宾，建立了幸福的家庭。这是不是因为她们都有“今后要爱这个人”的思想准备，并且不去考虑多余的事情，在生活中找到了喜欢的事和快乐呢？

诚然，工作或生活中包含着自己喜欢和不喜欢的部分。那些会整理情绪的人，就是可以通过积极地喜欢上某些事物来创造内心张力的人；那些不会整理情绪的人，则听凭个人好恶的摆布。自然出现的“喜欢”可以暂时发挥效力，但过不了多久动力一定会减弱。工作也好，生活也罢，恋爱也好，婚姻也罢，为了能够持续下去，就需要努力喜欢上它。不论是什么事，都会有让人感觉到“喜欢”“快乐”“有趣”“高兴”“感激”的因素存在，而“喜欢”是可以靠意志来控制的。

选择多少“喜欢”，能创造多少“喜欢”，就是拥有多大干劲的关键。

整理拖延症

学会有技巧地工作

如果今天完全没有心思做事，上上网或是做点杂事，时间很快就会过去，这样下去工作就会做不完，就会加班。为了不变成这样，现在就马上开始工作吧。虽然仍然治标不治本，却是可以让你把今天一天的时间都集中在眼前工作上的方法。来选一个适合自己的方式吧。

正确对付拖延症的方法

一、从简单的工作开始

先通过做简单或自己擅长的事情来热身，就会比较容易开始。

二、从自己喜欢的工作开始

从自己喜欢的事情开始也会比较容易，只做 10 或 20 分钟也可以，总之要开始动手。一旦开始了，就会越来越顺利。

三、在纸上写下“今天要先做完某事”并贴起来

工作一增加，就会变成东一榔头西一棒子，哪个都做不完的状态。挑出二三个最优先的事项张贴起来，集中精力做这些事，丢掉目前可以不用去做的事。

四、试着感谢自己，“谢谢你在今天……点完成了工作”

想象自己在预计的时间内做完工作后神清气爽的样子，然后就像自己真做到了一样，对自己大声说“谢谢”。虽然这个方法看起来比较傻，但却是个很有效的咒语。

五、花一天来模仿能干、工作效率高的人

模仿对象可以是身边的人，也可以是自己尊敬的人，“是他们的话，这个工作很快就能做完吧”，试着变身成这些人，模仿着他们过一天。

六、不顺利时捎带着做些自己擅长的事，适时休息一会儿

如果一直卡在难题上，时间很快就会过去。如果自己碰壁了，就去做些自己擅长的事来转换心情，在结束一个阶段的时候休息一下，重置心情。

七、活动身体，释放声音

心情消沉的时候更要提起精神来打电话，或是活动活动身体。身体与心灵是相连的。如果可以，笑一笑或者唱唱歌，心情也会好起来。如果能准备两三段有气势的音乐会更方便，在上班前或者休息时听一听，给自己带来一些激励。此外，还可以借助香精油、家人和恋人的照片，或者是可以让人联想到梦想和目标的东西。只要是可以提升动力的东西，不管是什么都可以利用。

为了未来，不要否定过去

—• 摒弃后悔，思考未来 •—

每个人都有过后悔的时候。后悔“在打折促销时买了太多”还好，要是后悔“房子没选对”可就有点要命了。此外，还有“要是没有辞职就好了”“选错了大学专业”“当初错过了机会”等等情况，在现在这个时代，可能还会有人“后悔在网上说过的话”。

一旦有了堪称“污点”的后悔，人们就会反复想起，一直无法整理好情绪。只留一瞬间给后悔，转换好心情，不被它影响才重要。

整理后悔的一种方法就是把现在的状态看作是好的，认为过去的经历是发展到今天的必要过程。包括过去的污点在内，欠缺任何一件事都不会有现在的结果。因为不论过去发生了怎样的事情，它们都是构成现在的重要因素。

只要否定过去，就会变成否定现在。只要否定了现在，就会连同过去一起否定。为了能够认可现在的自己，有必要肯定过去。

话虽如此，如果现在感到幸福满足倒还好；如果不是，就会执着于过去。比如说，现在谈着恋爱、过得很幸福的话，那么就连对待过去惨痛的失恋的态度都是“经历过那件事才会有现在的我”。然而，如果现在感受不到幸福，可能就会想着“要是那个时候不跟男朋友闹别扭，说不定现在早就……”而一直执着于过去。

可即便如此，也只能想着“现在这样就好”。因为我们的过去并不只是靠我们的意志形成的，只能让它顺其自然。然后，即便对现在的自己不能感到 100% 的满足，不也一样可以期待未来吗？“我还在发展之中，今后会更好的”“今后会遇到很多好事情”，如果能像这样重视起未来，心情和行动也会随之改变，对过去的执着也会减弱。

而问题就在于一点，“今后应该怎么做”。如果一直无法整理好后悔的情绪，就会无法继续前进，就会失去我们最重要的现在和未来。

不重复同样的错误

感到后悔时要向前看

M 曾经遭受父母的暴力，因此她发誓绝不能对自己的孩子施加暴力。然而在结婚生子数年后，M 打了孩子。“我都干了些什么啊”，为此 M 后悔不已，并下定决心再也不打孩子。结果过了几天又是一顿暴揍，这次她感到更加悔恨。但是，M 不论有多后悔，还是会重复犯下同样的过错。

这虽然是一个极端的例子，但在我们身边，类似的事情时有发生。

“都发誓不再迟到了，结果很快就又迟到了。”

“本来已经发誓不再酗酒了，结果又喝多了。”

“我决定再也不生气了，但是又发火了。”

每后悔一次，悔意就又加深一层，可还是会重复犯同样的错误，这样一直恶性循环。自己越是执着于此，越是会无法摆脱束缚，出现恶劣的情况。

我们的大部分行为，都是过去的经历决定的。从心理学角度看，自己有意识并会想办法的部分占4%，无意识的部分占96%。因此，我们在行动的时候，来自过去经验的无意识会比有意识的行为发挥更强的作用。

由此可以说，我们的过去对构成现在的我们而言是非常重要的因素，为了斩断过去负面的行为和情绪，我们需要持续不断构筑一个新的自己。“只要努力做，我也是可以的”，我们需要重视起这些微小的成功，把它们一点一点地积累起来。

此外，不要被消极的过去束缚。你可能一再发誓“绝不再生气了”，但是很遗憾，就在这样发誓的时候，你已经在脑海里留下了“会生气的自己”这个印象。因为自己在考虑“不要再变成这样”，所以最后往往还是会再次发火。不要去想“不会生气的自己”，而是要不停地描绘出一个不论遇到什么事情都能淡然接受，可以高声大笑、心胸豁达的自己，然后采取符合这一类期望的行动。

运动员们在比赛时失误后也不会想太多，很快就专心于明天的比赛了。如果太纠结于“怎么会这样”“那个时候要是这样做了”“要是又出现这样的情况”等等，就会再一次重复同样的事情。如果感到自己开始后悔，就马上想想明天的天气之类的吧。

应对负罪情绪

负罪感是幸福的枷锁

对自己犯下的错误，我们只要自己承担起责任就可以了；如果我们对别人犯了错，就会给他人带去困扰，或是无法忘记伤害他人的罪过，比如，因为自己犯下的过错导致他人目标落空，在恋爱时做了很过分的事情而伤害了对方，和朋友吵架一直无法和解、两人就此疏远或是经历死别，还有无法实现父母的心愿。有的女性还会对生育或亲子关系方面的事产生负罪感，从而痛苦万分。

这种被称为“负罪感”的情绪，让人像法官一样审判自己、判定自己，产生“是自己不好”的想法，令人痛苦得不得了。它不仅会让人折磨自己，还会让人感觉自己今后不配获得幸福。特别是心地善良的人，可以切身体会到对方内心的痛楚。

大多数因为工作或是其他情况而无法经常陪在孩子身边的母亲们，称自己对孩子会抱有负罪感。其中有的母亲会认为“都是因为自己，让孩子这么寂寞”，因而对孩子百依百顺，以物质手段进行弥补，算是自己的一点赎罪之举。

再举个有点远的例子。东日本大地震后，即便已经过了好几个月，似乎也有很多人因为自己的生活和心情好了一点而抱有负罪感。即便自己没有直接的过错，人们一旦感受到他人的痛苦，就会想给自己的幸福套上一副枷锁。

那么，我们该如何整理这些负罪感呢？只有去原谅。因为是在自己审判自己，所以没什么不能原谅自己的事情吧？不论有多少人责怪自己，自己都是可以原谅自己的。特别是对过去的悔意，大多都已无法改变，如果现在还可以道歉补偿的话，去做就是了。但是，如果现在什么事情都做不了，不论自己有多么不成熟，也要接受“在当时只有那一种选择”的事实，只这样想。

如果想要赎罪，就去寻找其他方式来为他人做点什么吧。有时，他人得到幸福，自己也就可以收获幸福了。不论是谁，都要寻找自己的幸福并生存下去。我认为这样就好，而且也只有这样一条路。

应对纠结情绪

—• 与对过去的悔意做了断 •—

以前，一位35岁的男性朋友曾经说“因为我只有高中学历，所以无法在公司里出人头地”，我对他说“那现在去读个大学吧”，他说“不可能了吧，都这个年纪了”。结果在那之后，他一边继续着公司的工作，一边读着成人大学，这一定是因为在他的心底，一直有着“想去读大学”的想法吧。

现在下定决心还不迟，可能会给人生带来一次逆转。

类似的事情还有，有人以前一直想学钢琴，从50多岁的时候开始学，学到可以参加小型演奏会；有人一直想自己制造家具，而从60岁才开始做；还有人就是想和前男友重归于好，而豁出去跟分手五年多的男友告白，因为了却了一桩心愿而心满意足。

相比做了再后悔，人们因为没做而后悔的情况更多一些。如果有无法放弃的念想、纠缠不休的想法，就是一件还没有了却的事情。好好面对它，多问问自己“其实你真正想怎么做”。

有时候，有的人面对过去的后悔，会把自己的选择正当化，“即便我做了那件事，最后也不会成功”“做了会变得比现在更差”。

这其实是伊索寓言中的故事《酸葡萄》讲述的道理，为自己想要得不行却得不到的东西而不甘心，因此就有了“哼，反正那个葡萄又酸又难吃，谁要吃啊”这样合理的想法。这只是嘴硬而已。有时候，这样的逻辑可以把自己从自虐的后悔中解放出来；但有时，这也意味着没有直面现实。与自己到底能否得到某种东西无关，要是不能痛快地承认“好的就是好的，不好的就是不好的”，就无法实现自己的幸福，也就不会有所成长。

虽然这和《酸葡萄》略有不同，但女性之间在闲聊时常常出现“当初我要是嫁给他，现在早就跟他出国了”，或是“要是没有辞掉那份工作，现在我就年收入翻番了”的论调，过去的记忆被美化，变成了过去的光辉。虽然这也不是多么离谱的事，但是如果频率过高，就会变成以过去为逃避借口，也会被身边的人暗暗挖苦“结果还不是现在这个德行”。

回忆是可以根据自己的情绪随意改变或是美化的东西。

以感恩与学习代替悔意

利用而非追悔过去

过去的后悔，一定要换来教训。

有一件我有点后悔的事情。在高中一年级的时候，因为班上没什么女生这种原因，我在社会科目里没有选择地理，而是选择了历史。几个月后，我就后悔了，因为我更喜欢地理。那次经历带给我的教训就是，一定要忠实于自己的意愿。

最近，我刚买的一辆自行车在车站的停车场被偷了，我还为它上了两把锁。当时我得到的教训是“要小心小心再小心”。

现在回想起来，可以说当时后悔的事情带来的并不只有坏影响。历史是我在长大成人后喜欢上的，一些高中时学到的东西也多少用上了；我也因为新车被盗的事情认识了驻守那片地区的警察，心里也有底多了。

接下来要讲的故事的影响力与上面的小事完全不同。

我的朋友 R 是个工作狂，因为通宵忙着工作没能见到父亲最后一面，为此无比后悔，而她得到的教训就是“要为了家人和自己的幸福而生活”。R说：“因为没能见上父亲最后一面，我开始想我究竟是为了什么在工作。我感觉我父亲用生命教会了我人生中最重要的事情是什么。如果继续保持当初的状态前进下去，现在也在过着很糟糕的生活吧。”那之后，R的生活方式发生了巨大的改变，如今的她开始为家人和自己的幸福而活。

接下来是另外一个朋友E的故事。E当时已婚，在旅游时坠入爱河，对方说“和他离婚，嫁给我吧”，E就真的离婚了。但这只是一桩婚姻诈骗，E被骗走了财产。这件事的教训是“要练就看人的眼光”。E觉得这次经历非常特殊，因此写了一本书，开辟出了作家这条道路。之后，她又遇到了能够给予她温暖的新伴侣。这正是所谓“摔倒了也要爬起来总结经验”的精神。

朋友R和朋友E在刚开始时想必也是非常后悔和消沉的，但随后她们就明白了一件事：勇敢接受现状。过去的事情虽已无法改变，但是通过改变自己的思考方式和行动，对过去的解释也会改变，不再只看到失去的东西，还可以找到因此获得的东西。过去不是用来后悔的，而是拿来利用的。我们总会迎来感谢它的一天。

整理后悔

要反省，不要后悔

如果感到后悔，也就说明因此长了一智，在今后遇到类似情况时就不会再重复过去的错误了。为了把后悔当作跳板，请试着对自己小声重复下面几句话。

正确整理后悔情绪的方法

一、“事情已经发生，也没办法了”

首先要做的是接受既定事实。这事实或许让人不忍直视，但是只要不能承认它，之后，后悔就会不停追赶着你。

二、“不管怎样我都原谅你”

没有完美的人，要原谅不成熟的自己。哪怕全世界都不原谅你，也要把自己当作自己的伙伴。

三、“学习了这次的经验，接下来该怎么办”

从后悔的经验中考虑下一步如何做。如果有自己能做的事情，就行动起来，也可以就这样前进下去。给自己一个可以接受的答案才是最重要的。

四、“吃一堑长一智”

冷静下来后去反省也是非常重要的。一定有可以从这次后悔中学到的事情。要把这次的教训铭记在心，不要再犯同样的错误，而这就是对过去的补偿。

五、“多亏这次错误，我才可以……”

错误也会让我们有所收获。如果现在心情平静，能够肯定现在的价值，就能肯定过去。在没有这样想的时候，就要等待这个时刻来临。即便要花上一些时间，我们总有一天会觉得“多亏这次错误，我才可以……”

禁忌：对过去的不舍

一、“当初要是做了就好了”

把现在说了也无济于事的话说出口，会对现在的好运气无动于衷。不能对自己说这句话，也不能对别人说。

二、“要是……的话”

假设一些不可能的前提，再去思考这些事情，这就是胡思乱想。之前走过的路无法改变，要接受自己最好的选择。虽然会反复几次，但是对过去太执着的人会失去未来。

不安背后的恐惧

不安多半是杞人忧天

人在任何时候都可能感到不安：今后会不会出现天灾？能顺利拿到养老金吗？能考上好学校吗？今天的工作会顺利吗？五年后的自己还在做现在的工作吗？自己能结婚吗？能还清贷款吗？

人们也会因为他人而不安：会不会被父母责骂？丈夫会一直爱自己吗？孩子会不会学坏？上司会不会又要生气了？

人们因为社会不景气而看不清未来，如果坏事持续发生，不安就会更严重。正是“看不到未来”这种感觉让人感到不安。

不安是对还没有到来的事情进行各种悲观的想象所带来的情绪，是在内心创造出来的东西。光是思考，现实也不会改变，头脑中明白“总这么想也没什么用”，但心里还是会害怕，怕自己随便想象出来的消极设想成真。不安会消耗能量，甚至会引发愤怒和自我厌恶等情绪。

那么，这些不安是对自己之外的社会或他人的，还是对自己的？或许有人会回答“是对社会的”，但请仔细想一想，它不正是因为无法相信自己“可以克服这样恶劣的局面”而产生的吗？

今后，不论会面对怎样的未来，我都能找到办法走下去——如果有这样的心情，那么对社会的不安也就消失了。

写到这里，或许有人会说“我可没那么厉害”“就是因为没有这样的自信才不安啊”，但没有自信也没关系。不管我们将要面对怎样的现实，只要有决心接受它并生活下去就好，哪怕活得不是很耀眼，不知道别人会怎么想，也要面对即将到来的现实坚持下去。如果能这样想，不安会在一定程度上得到消除。

不论自己是否担心，未来终将到来。只要还会担心自己的身外之物，不论何时，不安的情绪都不会消失。

我们真正要害怕的并不是未来，而是不安本身。我想，是否正是不安阻碍了我们的前进呢？

让梦想变为现实的法则

成为彻底的乐观主义者

我们的想象是什么样的，未来就会是什么样的。穿的衣服、住的房子、吃的东西、去的地方、结识的人、说的话、接下来的行动……所有的一切都是我们自己的选择。客观因素使然，在某些时候，会发生一些想象之外的事，但是关于我们自身，我们是不会做出想象之外的选择的：早上出门的时候，你不会想“为什么我会穿着这样令人难以置信的衣服”，选择住宅的时候，也不会奇怪“为什么我要在山里选一个仿佛在玩生存挑战游戏一样的地方”。

人们在任何时候都只会去做自己想做的事，现实总是与我们的想象相符。那么，如果是消极的想象会怎样呢?

“我赚的不是很多，没什么魅力，也没什么人喜欢我。我运气也不怎么样，非常担心今后会发生什么……”如果你这样想了，自然就会做出相应的选择。连梦想和目标也被当成不可能实现的东西时，可能性就真的会为零。

那么，要是乐观的想象又会怎样呢?

“或许我努力一把就能实现了。应该会有人喜欢我的。我的运气其实也挺好的，梦想一定会实现。”这样的想法，不断地推动你做出有可能达成这种结果的选择。只要彻底并乐观地描绘未来的自己就好，接下来要做的就是不去想多余的事情，朝着让自己激动和高兴的地方前进，就不会有问题。毕竟，自己已经做出了最好的选择。

为了实现梦想和目标，坚定的想法是非常重要的，不要担心，接下来，就要持续地描绘一个鲜明的印象，要鲜明得能看到其具体颜色。在实现梦想和目标的过程中，你会遇到很多不曾料想到的事情，但只要自己一直想下去，就会出现和你描绘的内容一模一样的事情。

在女足世界杯中获胜后，日本国家女子足球队的主力泽穗希表示：“对于今天的决赛，我只能想象到赢球的场面：日本队穿着蓝色的队服、蓝色的短裤、蓝色的袜子在战斗，我甚至连在领奖台上举起奖杯的画面都清晰地想象了出来。今天，包括队服的颜色都和我想的一样。我还麻烦别人帮我重新涂了指甲油。我每次这样做，就一定能得分。”

把自己变成一个彻底的乐观主义者吧。只要不去怀疑，一定能唤起奇迹。

利用不安情绪

——为消除不安而行动——

莫名的不安是不会带来什么好结果的，适度的不安则可能转化为我们的动力。

挑战当前，人都会感到不安。其实，我也有容易担心的一面，去一个新的国家采访之前，心情都混合着不安与期待。为了消除这些不安，要先做好准备，比如四处收集信息，“那个地区很危险，最好不要一个人前往”“遇到困难的时候要联系某人”等等，只要有想法，就会预设情境，想出对策。

这样一来，要出发的时候，就只剩下期待和开心了。为了避免不安，也可以只去大家都去的观光景点，但是这样比较无聊，要想来点特别的挑战，就要考虑好以某种程度的不安为代价。

在工作上也是，当自己感到不安时，就要一直做到不安消失。这样一来，可能还会因为感受到不安而更加努力，从而有所成长。

如果感受到了某种不安，就要向自己传达“快行动起来”的信息。如果是自己能解决的事情，就来动手整理不安的情绪吧。

发现了要生病的迹象时，找工作时，准备旅行或出差时，工作、生活中因为某些事情感到不安时……只要想到了什么，就要有所行动，可以收集完备的资料做出判断，而有些时候，在向人讨教的过程中不安就会消失。

即便是因为“看不到未来”而不安，也可以通过行动让未来变得可知。

另外，那些不懂得整理不安情绪的人正是因为故步自封，不安才会越来越强烈。其实只要在因为做得不够充分和没有全部做完而产生不安情绪时，坚持做自己能做的就好。即便还有一些没有做完，但是自己也做出了最大的努力，在目前的阶段，这样做已经足够了。

接下来，继续在这样的状态下尽自己最大的努力就好。切换头脑，心情也会变好。开心地度过现在才是最重要的事情。为了不被不安击倒，让我们积极主动地利用不安情绪吧。

切忌焦虑

按照自己的步调来

焦虑是比不安更迫切的压力笼罩下的情绪。我们说“切忌焦急”，一着急就会事事不顺。焦虑的压力来自“必须做这件事，哎呀，快点”这样的催促心情。

被这种在脑中不断催促的焦虑缠身而无法整理情绪的时候，人就会无法从容以对，思想和行动从而变得迟钝，自己平常的能力也发挥不出来了。

首先，人会焦虑，是因为时间上的压力。放在生活或者工作中，就是指只剩下很少的时间，事情却还没做完的情况。最好的应对方式是做好准备防止走到这一步，但如果已经到了焦虑的阶段，首先要做的是闭上眼睛，深呼吸，让心情平静下来。之后，就是要把精力全部集中在“去做现在我能做的事情”上，尽量用平常心来做。

对难度较高的工作，不要追求快速、完美地做完，可以采取降低难度的方法，如“先不追求质量，先把它做完”“现在只要做完这一项就胜利了”。越是这种时候，越需要借助他人的力量。要考虑的是为了能做完它应该采取哪种策略。

此外，如果同时担心好几件事情，也会引起恐慌。此时最重要的是深呼吸。重点在于冷静地把握现在的情况，决定好优先顺序，从最优先项目开始依次完成。这时可能还会有不急于一时去做的事情，以及那些做起来才发现很顺利的事情。优先顺序搞清楚了，也就不会去考虑多余的事了。不论怎么计划，要做的事只能一件一件地完成。

焦虑的另一个原因是和别人比较。“朋友们都结婚了，只有我还单身”“30 岁了我还是打工仔”“我家那个孩子不怎么爱说话”等等，焦虑点在于“只有我”。还有舆论或者周围的环境煽动的因素：“大家都有，所以我也得买”“大家都在做，所以我也得做”。

这种“必须这样做”的压力不过是自己给自己的。是谁对我们下达了这样的命令呢？不要让自己陷在社会的思维定式里，不因为自发的意愿，而是因为社会与自己的差距而焦虑一生。即便听到某些信息，也要只把它们看成自己做决定时的参考因素。用自己的节奏、自己的方式做事，才能保持好心情。

太敏感会导致不安

让自己迟钝一点

我以前工作过的公司里有个负责销售的N小姐，她最厉害的地方是不管被拒绝几次，都会再次前去告诉客户“这种产品一定能帮助您”，最终客户也因为无法抵抗这种集中攻势而签下合同。

我当时做的也是销售，但是完全做不好，原因在于我对做销售时对方不高兴的表情和居高临下的态度非常敏感，感觉“再也不想来这种地方了”，产生了退缩心理。N小姐也并不是真的迟钝，只是假装迟钝而已。

在我看来，想要前进，就要变得迟钝。

当然，在生活和工作中，还是要敏感地把握别人的情绪和社会状况，但是，如果接受到了过多的信息，前进的力量就会变弱。“变得迟钝”指的其实是要有“这不是我能左右的”“想多也没用”的念头，痛快地舍弃不必要的事情。不要太在意细节。

比如说，做中层管理职位时，夹在上层的指示与下属的控诉之间很辛苦。如果想要体谅他人的心情，自己说的话每次都得不到充分执行，会有损双方对自己的信任。如果定下了方针，就不要被身边乱七八糟的意见影响，明确地贯彻一种方针。

面对他人的流言和对自己的责难和嫉妒，也要迟钝一些才好。面对这些，即便自己认真地反省、接受，干劲也会被粉碎，自信也会丢失，人际关系也会遭到损坏。负面的事情一多，身体也会吃不消。要用“不看、不听、不说”的态度生活，对于性质恶劣的嫉妒，想着“原来对方这么羡慕我啊”，不理会就好了。对未来的事情和周围的状况想太多的时候，就一个人大声地告诉自己“我已经决定不去想它了”。

擅长整理情绪的人的特征是把对自己而言必要和不必要的情绪分开，然后再进行选择。这种人才会达成自己的目标。

不会整理情绪的人的特征是不论怎样的情绪，他们都会完完整整地吸收，然后便不知所措、惴惴不安……

最开始，你可能会觉得说着简单做起来难，但是搪塞和回避等行动是可以训练的。虽然不容易，但一定可以成功。

让一切顺其自然

不要把自己塞进理想的框架

想做某些事，想成为某种人，有对自己人生的计划和实现它的想法非常重要，但是即便如此，一定也存在无法完全处在自己力量的控制之内因此无法顺利进行的事。可是，如果认为“不这样就不行”“即便如此也要这样”并负隅顽抗，就会被梦想和现实之间的摩擦、不安、愤怒、自我厌恶、悲伤等情绪束缚。

不懂得整理情绪的人，会想着“不这样就不行”“得想想办法”，一味按自己的想法奋勇前进，很容易因此受伤。为了不让自己变成这样，与其万事都要求黑白分明，不如灵活地接受这种不完整的灰色现实，让一切顺其自然。

与其因为要创造一个如自己所想的人生而对现实感到不满，不如去接受“虽然跟预想的有点不太一样，但也不是接受不了”的现实，专注于自己眼前事的时候，就会开辟出自己的道路。

愿意去整理情绪的人，是可以乐观地面对现实、认为“这样也好”的人，是可以接受意料之外的可能性的人。公司内部招募策划的时候，新的项目负责人来联络自己的时候，在生活中不经意地跟某些人、事、物相遇的时候，听到某些新信息的时候，被朋友邀请的时候，都是新机遇可能出现的时候。

机会的浪潮会一波又一波地袭来。一旦马上按照自己的想法踏上自己感受到的灵感浪潮，就好像有人在背后推了一把一样，十分顺利。如果考虑得太多，浪潮会一瞬间退回去，你最后可能会后悔，“要是当初抓住机会就好了”。

一旦把自己塞进理想的框架里，就会变得非常痛苦，也很难抓住机会。

接受现实，哪怕它跟自己的预想有些出入，期待自己今后的表现，享受偶然袭来的机遇浪潮吧。

把目光集中在脚边的幸福，集中在现在要做的事情上，享受现在。如果能开心、充实地度过现在的时光，由现在叠加而成的未来便一定会以积极的状态来临。不要去为还没有到来的时光担忧。

整理不安

—• 即便无法消除，也可以减弱 •—

如果感到对眼前的工作、人际关系、要挑战的新事物、将来的不确定性而不安，就试着重复下面这些话吧。即便无法彻底消除，也可以减弱不安感。

让不安感减弱的话

一、“这种不安感可以消除吗”

首先，把不安分成两类，“可以马上解决的问题”和“无法马上解决的问题”。对可以解决的事情，要马上行动，解决不了的事情就先放起来。

二、“现在我能做什么呢”

如果是因为无法解决的问题而不安，列出所有解决对策并落实。要试着做到“把所有能做的事都做了”的程度。

三、“总这么担心也于事无补”

就算是因为无能为力而感到不安，该来的也还是会来。不如温和地告诫自己，让自己明白其负面影响。

四、“只要做了……”

因为想做得更好、更快，人们才会感到不安。先把该做的事集中在一个点上，“先把这个做完”，再将目标状态的难度进行分解。

五、“船到桥头自然直”

放宽心胸，告诉自己这样就好，切换好心情继续前进。车到山前一定会有路。

六、“今天晚上吃什么好呢”

如果不安一直持续，就通过思考三分钟来把时间划分开。另外要有意识地思考一些别的事情，通过做些活动或是改变场所等方法，也可以替换心情。

禁忌：对未来的不安

“事情要是变得如何如何，可怎么办啊？”

有时候，有的人会一直把“怎么办，怎么办”这种对未来的担心当作口头禅挂在嘴边。可这种话一旦说得太多，就会让自己很不安，别人也不会再为自己担心。总做消极的预想，它就会变成现实，因此不可以这样去想。你应该想象最好的情况，欢迎即将到来的未来。

后　记

“最近突然注意到，自己变得易怒……”

你有没有这样想的时候？虽然不至于在电车里一被人踩到脚就发脾气，但是时常觉得心里不爽、不高兴、自我厌恶……就是为了这样的你，我写了这本书。

会烦躁、烦闷也无可厚非。如今的女性身边堆满了各种各样的压力：压力巨大的工作、事业家庭两立、令人烦恼的人际关系等令人愤怒和烦恼的源头毫不留情地袭来。但是，不论处于何种状况，你其实都可以整理好自己的情绪。

让心情焕然一新，接受眼前的现实。寻找明亮的希望，感受它，以它为目标，带着微笑一步步走下去，能从负面情绪中得到教训，把它转化为自己的能量，让自己拥有不会轻易陷入不幸的泥沼的能力。

有这样一句话，“悲观主义是心情决定的，乐观主义是意志决定的”。能够在何种程度上贯彻你的意志，决定了你会用怎样的情绪来接受现实，带着怎样的心情度过每一天。

每天都在生气的人，会无意识地认可生气的状态，因此会把愤怒摆在脸上；一直都非常消沉的人，会认可消沉的状态，因此一直心情低落，无法从悲观的情绪中解脱。

最根本的是“不会因为这种事情就跌倒”“很快就会打起精神”这种乐观地生活下去的意志以及对自己的信任，有了它们，你在语言和行动方面就会完全不同，也会因此发现一个全新的自己。这样，你就掌握了整理情绪、成为理想中的自己的能力。

最后，愤怒、哭泣、消沉也是我们活着的证据。能从逆境中重新站起的过程，也会给我们今后的生活带来力量。创造一个有深度的人生故事吧。在感受着生活喜悦的同时，把它当作一种幸福而前进。

如果能整理好情绪，那么你的人生一定能过得更加精彩。

出版后记

这是一本写给女性，尤其是职业女性的书，作者拥有丰富多彩的工作经验和人生经历，对当今职业女性所面对的压力和挑战有着广泛而深入的体会，她也通过自己在社会各领域内和世界各国游历、工作所形成的多元文化背景，睿智地总结了无论对女性还是男性都适用的快乐生活技巧——情绪整理法。

有川真由美从愤怒开始，触及日常生活中常见的情绪垃圾，她细致地分析了它们产生的原因，并据此提供了整理情绪的实用技巧。她列举了大量亲身经历和周围人的故事，你会发现它们似曾相识。也许你也有过类似经历，做了类似的选择，对类似的结果感到后悔不已，这是因为当时，你无法跳出消极情绪编织的网，看清自己正在受情绪垃圾所困这一事实，更不用提积极主动地采取聪明有效的方法对其进行清除了。

这本书的真正意义不在于列举具体技巧如何，而在于告诉你情绪是可以也应该被整理的，也许你会根据自己的习惯开发出只属于你的整理术。每个人都能成为情绪整理专家，这是对情商的修炼，也是对更高生活质量的追求，试着按书里的思路做做看吧！

服务热线：133-6631-2326　188-1142-1266

服务信箱：reader@hinabook.com

后浪出版公司

2015 年 12 月

图书在版编目（CIP）数据

整理情绪的力量 /（日）有川真由美著；牛晓雨译．— 厦门：鹭江出版社，2016.3（2019.8 重印）

ISBN 978-7-5459-1101-5

Ⅰ．①整… Ⅱ．①有… ②牛… Ⅲ．①女性－情绪－自我控制 Ⅳ．①B842.6

中国版本图书馆 CIP 数据核字 (2016) 第 013478 号

著作权合同登记号

图字：13-2016-016

ZHENGLI QINGXU DE LILIANG

整理情绪的力量

[日] 有川真由美 著

牛晓雨 译

出版发行：海峡出版发行集团
鹭江出版社

地　　址：厦门市湖明路 22 号　　邮政编码：361004

印　　刷：三河市祥达印刷包装有限公司

地　　址：三河市杨庄镇杨庄村　　邮政编码：065200

开　　本：889mm × 1194mm　1/32

插　　页：2

印　　张：7.5

字　　数：150 千字

版　　次：2016 年 3 月第 1 版　2019 年 8 月第 11 次印刷

书　　号：978-7-5459-1101-5

定　　价：32.00 元

后浪出版咨询(北京)有限责任公司常年法律顾问：北京大成律师事务所　周天晖 copyright@hinabook.com

《抗压力》

比学历和智商更重要的"抗压力"锻炼法
日本商业精英首选抗压指南

著　　者：［日］久世浩司
译　　者：贾耀平
书　　号：978-7-5502-6432-8
出版时间：2015.12
定　　价：32.00 元

本书能让你摆脱消极情绪的恶性循环，用运动、音乐、呼吸、写作，物理手段助你神清气爽，一身轻松。它可以帮你分门别类应对各色思维定式，还原内心最真实的声音。它还能让你通过科学的手段培养自我效能感，用获取成功体验、观察他人成功经验、接受他人鼓励和营造兴奋氛围的四大途径重拾自信，斗志昂扬。锻炼抗压力，你还可以了解自己的优势，有效规避弱点，用你能做的，做你想做的。

内容简介

为什么身为同样才华横溢的商业精英，有人能攀上事业高峰，有人却中途败退？

你是否曾经陷入害怕失败、逃避任务、裹足不前的消极状态？

我们如何拥有更幸福的职场体验、事业前景与人生？

你需要做的不是一味积极乐观向前看，而是掌握在逆境中直面消极情绪、应对压力的技巧。本书作者久世浩司从他在世界 500 强公司宝洁的多年工作中总结经验，提出了在著名商学院里也无法学到的道理——"抗压力"的重要性。他针对现代人容易遇到的种种压力来源与情况，提出了培养抗压力的七大实用技能，这些诀窍也是他在日本积极心理学学校面向大众进行培训时教授内容的精华所在。不只是商业人士，从企业到院校，从老人到儿童，掌握抗压力就像养成定期运动的好习惯一样，可以让任何人受益终生。

《热锅上的家庭：家庭问题背后的心理真相》

热销全美 20 年，累计售出 100 万册的家庭问题急救手册

著　　者：［美］奥古斯都 · 纳皮尔
　　　　　卡尔 · 惠特克

译　　者：李瑞玲

书　　号：978-7-5502-3890-9

出版时间：2015.01

定　　价：42.00 元

权威心理治疗师帮你剖析家庭问题背后的心理真相

隐藏在家庭生活中的危机，人人都应该面对，人人都有能力解决！

使家人口不择言、互相伤害的罪魁祸首究竟藏在何处？

翻开这本书，你将发现答案！

你将建立的家庭，比你出生的家庭更重要。

内容简介

为什么本该亲密无间的家人之间会有种种矛盾？为什么我们总是肆无忌惮地对最亲的人恶言相向？为什么我们总是要的太多而付出的太少？为什么父母的婚姻对我们的家庭有如此大的影响？

与其步步退避、不知所措，还不如快翻开这本书，看权威心理治疗师的分析解答。

作者用生动细腻的语言为我们讲述了布莱斯一家从四分五裂，到求助家庭治疗师，最后在理解和倾听中重建爱的信仰，重获新生的过程。借由书中家庭所面临的危机，作者带我们揭开了家庭治疗的面纱，也向我们解释了家庭中存在已久的制衡力量、三角关系以及原生家庭的影响等诸多问题。

本书于 1978 年成书以来，在全美掀起了广泛讨论的热潮，成为家庭心理治疗领域极具影响力的作品。